INTERPRETATIONEN DEUTSCH

FRIEDRICH SCHILLER

Maria Stuart

Interpretiert von
Andrea Rinnert

STARK

Bildnachweis
Umschlagbild: Franziska Arndt als Maria Stuart in einer Aufführung des Theaters Augsburg (2009); © Theater Augsburg, Fotograf: Nik Schölzel
S. 5, 12, 14: wikipedia.org
S. 8: http://de.wikipedia.org/w/index.php?title=Datei:Schiller_Weimar.jpg&filetimestamp=20080904125843; Foto: Andreas Trepte, lizenziert unter der Creative Commons-Lizenz Namensnennung-Weitergabe unter gleichen Bedingungen 2.5 US-amerikanisch (nicht portiert)
S. 20: bpk/Kunstbibliothek, SMB/Dietmar Katz
S. 22: bpk
S. 24, 48, 58, 70, 106: picture-alliance
S. 27, 56: picture-alliance/dpa/dpaweb
S. 30, 35, 65, 74: picture-alliance/dpa
S. 32: ddp images
S. 38: picture-alliance/akg-images
S. 53, 83: Fotografie Larl
S. 67: © Thomas Dashuber
S. 78, 94: © 2009 Foto: Peter Litvai, Landestheater Niederbayern
S. 101: Landesbühne Niedersachsen Nord/Volker Beinhorn

ISBN 978-3-89449-302-0

Inhalt

Autorin: Dr. Andrea Rinnert

Vorwort

Liebe Schülerin, lieber Schüler,

vermutlich wird die historische Kulisse von Schillers klassischem Drama *Maria Stuart* Sie zunächst befremden. Erst bei genauerer Betrachtung zeigt sich nämlich dessen Nähe zu drängenden Fragen der Gegenwart. Diese Interpretationshilfe soll Sie dabei unterstützen, sich einen eigenen Zugang zu dem vielschichtigen Stück zu erschließen.

Der Band beginnt mit einer Darstellung von Schillers Lebensdaten und seinem Gesamtwerk. Danach erhalten Sie erhellende Informationen zum realhistorischen Hintergrund des Dramas. An das nachfolgende Kapitel zu dessen Entstehung und zur Stoffbearbeitung schließt sich eine ausführliche Inhaltsangabe an.

Im Hauptteil finden Sie zuerst Erläuterungen zu Aufbau und Struktur des Stücks und zur Charakterisierung der Hauptfiguren. Eingehend behandelt werden außerdem: Motive und zentrale Aspekte, die Form des Dramas als erzieherisches Trauerspiel, daneben sprachliche und stilistische Besonderheiten. Zuletzt werden zwei Schlüsselszenen interpretiert, um Ihnen exemplarisch eine geeignete Vorgehensweise zu vermitteln.

Abschließend gibt der Band einen Überblick zu Rezeption und Wirkung von Schillers Trauerspiel. Eine weiterführende, vertiefende Auseinandersetzung ermöglichen Ihnen die kommentierten Literaturhinweise.

Andrea Rinnert

Andrea Rinnert

Einführung

Den Deutschen gereichten „selbst treffliche Werke zum Verderben, weil sie gleich für heilig und ewig erklärt werden“, versicherte Friedrich Schiller seinem Freund Gottfried Körner (Brief vom 21. Januar 1802). Es lässt sich also mit des Dichters eigenen Worten an seiner Verehrung als **überzeitlich gültiger Klassiker** Kritik üben. Was traditionell hochgelobt wird, erstarrt zum Monument. Und kanonisiertes Bildungsgut zieht sich allzu schnell den Ruf zu, abgestanden und überholt zu sein.

Das Trauerspiel *Maria Stuart*, uraufgeführt am 14. Juni 1800, gilt als Paradebeispiel für Schillers klassische Schaffensperiode, die stark von seinem Arbeitsbündnis mit Goethe geprägt wurde. In seiner mustergültigen Form ist das Stück Ausdruck der **idealistischen Ästhetik** Schillers, die immer noch unseren Kunstbegriff bestimmt: als Streben nach harmonischer Geschlossenheit, nach Erheben des Individuellen zum Allgemeinen. Doch inwiefern kann es heute – jenseits germanistischer Interessen – überhaupt sinnvoll und anregend sein, sich mit einem Historiendrama zu befassen, das im 16. Jahrhundert spielt und vom tödlichen Machtkampf zweier Königinnen handelt?

Die Situierung in der Vergangenheit erzeugt zu Unrecht den **Verdacht mangelnder Aktualität**. Schillers Vorliebe für das Genre **Historiendrama** wäre angesichts seiner (kultur)politischen Ambitionen undenkbar gewesen, hätte er damit nicht seiner eigenen Zeit den Spiegel vorhalten können, in der sich der Adel im Rahmen des aufgeklärten Absolutismus weiter an der Macht hielt. *Maria Stuart* liefert wie jedes Historiendrama nicht bloß eine Interpretation der Vergangenheit, sondern deutet und kommentiert gleichzeitig die Gegenwart, in der es entstand. Und es weist über diese hinaus, indem es mithilfe seiner durchaus provokanten Gesellschaftskritik eine zukünftige, utopische Dimension entfaltet. „Die Geschichte ist überhaupt nur ein Magazin für meine Phantasie", schreibt Schiller denn auch an Caroline von Beulwitz am 10. Dezember 1788, „und die Gegenstände müssen sich gefallen lassen, was sie unter meinen Händen werden." Was heißt das nun für die heutige mögliche Aktualität des Stücks?

Aktualität und Zeitlosigkeit werden häufig verwechselt: Um heute etwas mit Schiller anfangen zu können, muss man seine humanistischen Ideale nicht für zeitlos und allgemeingültig erklären – auch wenn seine Kunstwerke diesen Anspruch in sich tragen und insofern ihre **historische Standortgebundenheit** leugnen. Doch hehre Großbegriffe wie Freiheit und Erhabenheit gewannen erst vor dem Hintergrund einer philosophischen Begründung des bürgerlichen Subjekts und in Konfrontation mit den Gewaltexzessen der Französischen Revolution Kontur: Schiller ist angeekelt von den terrorhaften Auswüchsen, die im Nachbarland auf den Umsturz folgten, und gelangt zu der Auffassung, die Menschen seien noch nicht reif für eine demokratische Gesellschaft. Insofern wäre es unangebracht, Schillers Menschenbild und seine ethischen Vorstellungen einfach als ewige Wahrheiten zu akzeptieren, statt sie auf der Folie gegenwärtiger gesellschaftlicher Widersprüche zu hinterfragen.

In Bezug auf *Maria Stuart* fällt unter der Maßgabe der Aktualität zunächst der **Themenkomplex Macht** ins Auge: Das Drama zeichnet die Welt der Politik als Labyrinth, in dem das Handeln der Regierenden in die Irre geht – geprägt von dubiosen Machenschaften, Komplotten und persönlichen Rivalitäten. Wir werden insbesondere durch Elisabeths egoistisches Verhalten für die subtile Strategie der Herrschenden sensibilisiert, Verantwortung dadurch abzuwälzen, dass lediglich Wünsche angedeutet, statt unmissverständliche Anordnungen erteilt werden. Auch in den westlichen Demokratien von heute versuchen

Menschen in Führungspositionen, loyale Untergebene mit eigenen Fehlentscheidungen zu belasten. Das moralische Kernproblem ist in unserer globalisierten Welt dasselbe: Auch wenn die Rückführbarkeit von Ereignissen auf individuelles Handeln schwieriger geworden ist, stellt sich die Frage nach persönlicher **Verantwortung und Schuld**.

Aber nicht nur Parallelen zur Gegenwart, sondern auch vorhandene Unterschiede schärfen den Blick für gewichtige Aspekte. So verstanden bietet in *Maria Stuart* der **Themenkomplex Freiheit** diverse Anknüpfungspunkte. Einerseits wird heutzutage das Individuum – damit wäre Schiller kaum einverstanden – als Produkt gesellschaftlicher sowie biografischer Umstände gedacht. Andererseits hat der Prozess der Individualisierung den Einzelnen bis zur **Orientierungslosigkeit** freigesetzt von traditionell vorgezeichneten Lebensläufen. Auch im 21. Jahrhundert gilt der Mensch als ein Wesen, das seiner Umwelt nicht ausgeliefert ist, sondern sich zu ihr gestaltend ins Verhältnis setzen kann. Ist es vor diesem Hintergrund überhaupt erstrebenswert, sich Maria Stuarts Einverständnis mit ihrer Hinrichtung zum Vorbild für unausweichliche Notlagen zu nehmen? Erscheint es nicht geradezu inhuman, vom Individuum eine Selbstunterwerfung unter Aufgezwungenes zu verlangen? In seiner Elisabeth-Figur hat Schiller eindrücklich die deformierenden Auswirkungen von Zwängen gestaltet, sodass sein Stück auch ein Licht auf heutige Führungspersönlichkeiten wirft: Nach wie vor gelten Frauen in Spitzenpositionen als unweiblich. Dauerhafte **sexistische Vorurteile** schlagen sich beispielsweise darin nieder, dass die Massenmedien das äußere Erscheinungsbild einer Bundeskanzlerin viel häufiger als bei einem männlichen Amtsinhaber erörtern.

Eine Auseinandersetzung mit Schillers Drama *Maria Stuart* kann dazu beitragen, auf der Folie des Spannungsverhältnisses von Macht, Gerechtigkeit, Freiheit und Verantwortung die Zumutungen gesellschaftlicher Rollenerwartungen zu erkennen.

Biografie und Entstehungsgeschichte

1 Lebensdaten und Gesamtwerk des Autors

Johann Christoph Friedrich Schiller wird am 10. November 1759 in **Marbach am Neckar** geboren und wächst auf in **ärmlichen Verhältnissen** als einziger Sohn der Gastwirtstochter Elisabeth Dorothea Schiller (geb. Kodweiß) und des Regimentsarztes Johann Kaspar Schiller. Ab 1765 erhält er Elementarunterricht in der Dorfschule in Lorch und wird von einem Pfarrer in Latein unterwiesen. Von 1767 bis 1772 absolviert er, als Vorbereitung für die **geistliche Laufbahn**, die Lateinschule in Ludwigsburg; im Abschlussjahr entstehen **erste Dramenskizzen**.

Doch ein Befehl des Herzogs Carl Eugen durchkreuzt den Plan, ein von der Kirche finanziertes Theologiestudium aufzunehmen: Ab Januar 1773 muss Schiller, zusammen mit anderen Auserkorenen, die **Hohe Karlsschule** besuchen (ab 1775 in Stuttgart). Trotz des streng geregelten Tagesablaufs – zunächst studiert er Jura, dann Medizin – verfolgt er nebenher literarische Neigungen. 1776 wird sein **erstes Gedicht** *Der Abend* veröffentlicht.

Nach der Entlassung aus der Militärakademie (Dezember 1780) wird Schiller der Posten eines **Regimentsarztes** zugewiesen, bei miserabler Bezahlung. Der 21-Jährige pflegt einen lockeren Lebenswandel, arbeitet aber auch an seinem **Schauspieldebüt** *Die Räuber*. Bei der Uraufführung (13. Januar 1782 in Mannheim) wird das Stück begeistert aufgenommen: Wegen der leidenschaftlichen Auflehnung gegen den Absolutismus begründet es Schillers Ruhm als Sturm-und-Drang-Dramatiker.

Im September desselben Jahres wagt Schiller den Schritt in ein ökonomisch **ungesichertes Dasein als freier Schriftsteller:** Gemeinsam mit einem Freund flieht er unter falschem Namen (Dr. Ritter) aus Württemberg, um sich der Verfügungsgewalt des Herzogs Carl Eugen zu entziehen, der ihm weitere literarische Publikationen verboten hat. Unterwegs verkauft Schiller sein zweites Theaterstück, das republikanische Trauerspiel *Die Verschwörung des Fiesko zu Genua*. Von Dezember 1782 bis Juli 1783 kommt Schiller in Thüringen auf dem Gut Bauerbach seiner **Gönnerin Henriette von Wolzogen** unter, wo er das bürgerliche Trauerspiel *Kabale und Liebe* verfasst. Hier erwägt er auch erstmals, ein Stück über die schottische Königin Maria Stuart zu schreiben.

Nach einem zermürbenden Jahr als **Vertrags-Theaterdichter** in **Mannheim** verschärft sich Schillers finanzielle Notlage zusehends. Rettung bringt ein **großzügiger Bewunderer:** Bei Christian Gottfried Körner gastiert Schiller von April 1785 bis Juli 1787 in **Leipzig und Dresden** und gewinnt einen hilfsbereiten Freund fürs Leben. In diesem Zeitraum publiziert Schiller in der selbst gegründeten Theaterzeitschrift *Rheinische Thalia* unter anderem die wichtige ästhetische Schrift *Was kann eine gute stehende Schaubühne eigentlich wirken?*. Außerdem schließt er das Drama *Don Karlos* ab (Uraufführung: 29. August 1787), das gemäßigter für bürgerliche Rechte plädiert und zugleich den Übergang zu Schillers klassischer Schaffensperiode markiert.

Doch zunächst beschließt Schiller nach einem **Aufenthalt in Weimar**, bei dem sein Selbstbewusstsein durch Begegnungen mit Geistesgrößen wie Wieland und Herder gestärkt wird, seine

Fähigkeiten für die **Historiografie** einzusetzen, um sich Reputation als Gelehrter zu verschaffen. Von der Geschichtsschreibung erhofft er sich eine Verbesserung seiner ökonomischen Situation: „Ich muß von Schriftstellerei leben, also auf das sehen, was einträgt. [...] so wähle ich einen Gegenstand, den die Welt auch für nützlich hält", erläutert er im Januar 1788 Körner. Wie er dem Freund offenbart, sucht Schiller auch eine **drohende Schaffenskrise** abzuwenden: „am Ende eines historischen Buchs habe ich Ideen erweitert, neue empfangen – am Ende eines verfertigten Schauspiels vielmehr verloren."

Schillers erste historische Studie *Geschichte des Abfalls der vereinigten Niederlande von der spanischen Regierung* (1788) bringt ihm zwar eine außerordentliche **Professur für Philosophie** an der Universität **Jena** ein, allerdings ohne feste Entlohnung. Dort hält er nach seiner Übersiedelung von Weimar am 26. Mai 1789, kurz vor Beginn der Französischen Revolution, seine berühmte Antrittsvorlesung *Was heißt und zu welchem Ende studiert man Universalgeschichte?*. 1790 erscheint der erste Teil seiner umfangreichen *Geschichte des dreißigjährigen Krieges.*

Am 20. Februar desselben Jahres **heiratet** Schiller **Charlotte von Lengefeld**, mit der er vier Kinder haben wird. Er zieht die 23-Jährige nach einer schwebenden Dreiecksbeziehung schließlich ihrer geschiedenen Schwester Caroline von Beulwitz vor – und stillt mit der Ehe die Sehnsucht nach einer bürgerlichen Existenz: „Ich muß ein Geschöpf um mich haben, das mir gehört, das ich glücklich machen kann und muß, an dessen Dasein mein eigenes sich erfrischen kann", vertraute er Körner an.

Im Frühjahr 1791 **erkrankt** Schiller **lebensgefährlich** an einem Lungenleiden, das ihn für den Rest seines Lebens mit Krankheitsschüben quälen wird. In dem Bewusstsein, dass seine Tage gezählt sind, wendet er sich – finanziell unterstützt vom dänischen Erbprinzen – nun intensiv der **Philosophie Kants** zu, um daraus eine dramentheoretische Position für künftige

Werke zu erschließen. 1793 publiziert er maßgebliche Aufsätze zu **Ästhetik und Poetik** wie *Über Anmut und Würde* oder *Vom Erhabenen.*

Stimulierend wirkt sich das freundschaftliche **Arbeitsbündnis mit Goethe** aus, das Schiller 1794 nach einer mehrjährigen Phase wechselseitiger Vorbehalte initiiert: In seiner Funktion als Herausgeber gelingt es Schiller, den Dichterfürsten – neben Wilhelm von Humboldt und Johann Gottlieb Fichte – für die Mitarbeit an dem Periodikum *Horen* (1795–1797) zu gewinnen, das als programmatische Plattform für seine **idealistische Kunstvorstellung** dienen sollte. Schillers Allianz mit Goethe wird gefestigt durch die gemeinsam verfassten *Xenien* (1796): eine empörungsträchtige Sammlung satirischer Zweizeiler, in denen sie die zeitgenössische schriftstellerische Konkurrenz abkanzeln.

Schillers Wohnhaus in Weimar

Nach einer **Hochphase lyrischen Schaffens** kehrt Schiller triumphal zur Dramatik zurück: Mit der *Wallenstein*-Trilogie landet er einen Publikumserfolg (Uraufführungen: 12. Oktober 1798, 30. Januar und 20. April 1799) und erzielt erstmals nennenswerte Einkünfte. Im Dezember 1799 erfolgt der **Umzug**

nach Weimar, um der dortigen Bühne und dessen Direktor Goethe näher zu sein. Trotz angegriffener Gesundheit produziert Schiller nun in hohem Tempo zahlreiche weitere **klassische Historiendramen:** Auf *Maria Stuart* (Uraufführung: 14. Juni 1800) folgt *Die Jungfrau von Orleans* (11. September 1801); und noch bevor *Wilhelm Tell*, Schillers populärstes Stück, auf die Bühne gelangt (17. März 1804), wird der führende deutsche Dramatiker **geadelt**.

Von Übersiedelungsplänen nach Berlin nimmt Schiller letztlich Abstand, er **stirbt** am 9. Mai 1805 an einer akuten Lungenentzündung **in Weimar**. Sein Theaterstück *Demetrius*, an dem er bis kurz vor seinem Tod arbeitete, bleibt Fragment.

Insgesamt betrachtet läuft Schillers Biografie dem verbreiteten Bild vom elitären Dichter zuwider, der unberührt von der Mühsal des Alltags in höheren Sphären agiert. Denn Schiller verfügte sowohl über einen **ausgeprägten Geschäftssinn** als auch über Verhandlungsgeschick im Umgang mit seinen Verlegern und verwendete beträchtliche Energie darauf, ökonomische Eigenständigkeit zu erlangen. Gleichwohl blieb er nahezu sein ganzes Leben lang **angewiesen auf finanzielle Zuwendungen** meist adeliger Förderer. In diesen beständigen Geldsorgen spiegelt sich eine gesamtgesellschaftliche **Umbruchsituation** wider: Schiller war einer der Ersten, der von seiner schriftstellerischen Arbeit leben wollte, doch ein literarischer Markt, der sein Einkommen hätte sichern können, war erst ansatzweise vorhanden. Erst allmählich entstanden im Zuge fortschreitender Alphabetisierung breite Leserschichten. Hinzu kam, dass Schillers Kunst nicht dem Massengeschmack entsprach, sondern hauptsächlich von einer **kleinen Bildungselite** rezipiert wurde. Schiller verkörpert somit den damaligen Wandel in der Rolle des Schriftstellers: Emanzipiert von Klerus und Aristokratie, ist dieser neuen, modernen Zwängen unterworfen, nämlich der **Abhängigkeit vom zahlenden Publikum**.

2 Realhistorischer Hintergrund des Stücks

Um den Bedeutungsgehalt des Stücks, das die Geschehnisse im England des 16. Jahrhunderts interpretiert, erfassen zu können, ist es sinnvoll, sich mit den überlieferten Fakten zumindest in Umrissen vertraut zu machen. Ein solcher Überblick muss auf dynastische, biografische, politische und religiöse Gesichtspunkte eingehen, weil sie allesamt hineinspielen in den bei Schiller gestalteten Machtkampf zwischen Elisabeth I. (1533 bis 1603) und Maria Stuart (1542–1587).

Traditionelle Feindschaft zwischen England und Schottland

Elisabeth I. als englische Amtsinhaberin (ab 1558) und Maria Stuart als schottische Regentin (ab 1561) standen an der Spitze zweier Reiche, die seit Generationen verfeindet waren: Als der englische König Eduard I. 1296 das ärmere, kleinere Nachbarland annektierte und Anspruch auf die schottische Krone erhob, stieß er damit eine lange **Folge von Eroberungsfeldzügen** an. Das mächtigere England versuchte bis ins 16. Jahrhundert hinein, Schottland die politische Unabhängigkeit zu nehmen.

In der ersten Hälfte des 16. Jahrhunderts – also noch Jahrzehnte vor dem Jahr 1587, in dem Schillers Stück spielt – wurde das gespannte Verhältnis zwischen England und Schottland zusätzlich durch **Religionskriege** belastet, die im Zuge der Reformation in ganz Europa stattfanden. Zwar wenden sich sowohl England als auch Schottland vom römischen Katholizismus ab, aber dieser Umstand bewirkte zunächst keine Annäherung, weil die Entwicklung in beiden Reichen nicht gleichzeitig verlief.

In **England** vollzog sich die Abkehr von Rom deutlich schneller, da sie von einem starken König initiiert wurde: **Heinrich VIII.** provozierte den **Bruch mit dem Papst**, indem er sich von seiner ersten Frau Katharina von Aragonien, die ihm keinen männlichen Thronfolger geboren hatte, eigenmächtig scheiden ließ. Nach seiner Exkommunikation gründete er 1534 die unabhängige **anglikanische Staatskirche** und ließ sich vom Parlament zu ihrem Oberhaupt erklären. Diese Religionspolitik stieß in der Bevölkerung mehrheitlich auf Zustimmung, denn die katholische Kirche hatte durch angehäuften Reichtum und seelsorgerische Versäumnisse an Ansehen verloren.

In **Schottland** hingegen destabilisierte der Streit um den wahren Glauben das Land tief greifend, bis hin zum **Bürgerkrieg**. Der englische König Heinrich VIII. hatte erfolglos versucht, Druck auf den jungen schottischen König James V. auszuüben: Dieser erneuerte ein Bündnis mit dem katholischen Frankreich (Auld Alliance), das Schottland militärischen Beistand gegen England zusicherte. Hauptursache für die Gespaltenheit Schottlands war sein in Cliquen zersplitterter, traditionell **starker Adel**, der einen Autoritätsverlust der Krone bedingte. In seiner Hand lagen in diesem Zeitraum die Regierungsgeschäfte, da die zeitgenössischen Monarchen noch im Kindesalter gekrönt worden waren (1513 Jakob V. mit 17 Monaten und 1533 seine Tochter Maria Stuart im Alter von wenigen Tagen).

Das durch Glaubensfragen zerrissene Schottland fungierte vor dem Hintergrund der europäischen Religionskriege als **Spielball ausländischer Interessengegensätze:** Wegen der geografischen Nähe zu seinem Erbfeind England hatte es den Rang eines begehrten Bündnispartners im Kampf der Großmächte Frankreich, Spanien und England um Hegemonie (Vorherrschaft). Als in Schottland schließlich 1560 der **Calvinismus offiziell Staatsreligion** wurde, bedeutete das einen Rückschlag für die Pläne des Vatikans: Das Land sollte als Brückenkopf für eine von Spanien und Frankreich betriebene Rekatholisierung Englands genutzt werden. Die englische Königin Elisabeth I. wiederum, zu diesem Zeitpunkt seit anderthalb Jahren im Amt, konnte Schottlands Annäherung ans eigene konfessionelle Lager als Erfolg verbuchen.

Elisabeth I. und ihre erfolgreiche Regentschaft

Elisabeth I. (1533–1603) um 1585

Nach ihrem Amtsantritt im Jahr 1558 konzentrierte sich Königin Elisabeth I. zunächst darauf, die von ihrer Halbschwester übergangsweise betriebene **Rekatholisierung** des Landes **rückgängig zu machen:** Elisabeths Vorgängerin Königin Maria I., ab 1553 an der Macht, hatte sich mit ihrer rabiaten Gegenreformation den Namen „Bloody Mary" zugezogen. Nach Marias Tod trat Elisabeth I. in die Fußstapfen ihres Vaters Heinrich VIII., indem sie die von Rom unabhängige anglikanische Staatskirche wiederherstellte. Ihre gemäßigte, pragmatische Haltung in Religionsfragen verhinderte eine Eskalation des Konflikts mit den katholischen Kräften, trug ihr allerdings den Widerstand fundamentalistischer reformatorischer Gruppierungen (Puritaner) ein. Trotz immer wieder aufflackernder Unruhen vermochte sie die innere Lage aber unter Kontrolle zu halten. Ihr wichtigster Berater war, wie bei Schiller, William Cecil alias Baron Burghley.

Mit ihrem Kurs ebnete Elisabeth I. den Weg für eine durchgreifende **Modernisierung** des Landes. Die Hinwendung zum Protestantismus verschaffte dem im Entstehen begriffenen Kapitalismus Auftrieb: Erwerbsarbeit galt nun als Pflicht, und Reichtum diente als Maßstab für Gottes Gnade. Der Wirtschaftsaufschwung, den England in der frühen Neuzeit erlebte, wurde außerdem erreicht durch **Beendigung eines kostspieligen Krieges mit Frankreich**, die Konsolidierung des Staatshaushalts und eine merkantilistische Förderung des Außenhandels. Auch mit ihrer **zweigleisigen Außenpolitik** förderte Elisabeth I. Englands Aufstieg zur Weltmacht. Einerseits unterhielt sie enge diplomatische Beziehungen zu den katholischen Großmächten Frankreich und Spanien, die immer wieder versuchten, die kirchlichen Verhältnisse in England zu unterwandern. Andererseits **stiftete** sie ebenfalls **insgeheim Unfrieden**, indem sie konfessionelle Kontrahenten beider Länder unterstützte (die französischen Hugenotten und die Niederlande). Spanien war während der Regierungszeit Elisabeths I. der Hauptgegner Englands (bei Schiller nahezu ausgeblendet): Der Sieg der englischen Flotte über die spanische Armada im Jahr 1588 läutete den **Niedergang spanischer Vorherrschaft auf See** ein und begründete Englands künftige Rolle als **Kolonialmacht**.

Das sogenannte Elisabethanische Zeitalter gilt daher heute – aus der Perspektive Großbritanniens – als erfolgreiche politische Ära. Trotz starker Vorurteile gegen die Eignung von Frauen für den Thron wurde Elisabeth I., die als eitel galt, bereits zu Lebzeiten als Symbolfigur britischer Größe verehrt und förderte ein aufkeimendes Nationalgefühl. Sie inszenierte sich geschickt als **jungfräuliche Königin** (The Virgin Queen): Trotz Drängen des Parlaments, die Nachfolgefrage zu regeln, heiratete sie nie und hatte zwar einige Liebhaber – unter anderen auch den bei Schiller auftretenden Earl of Leicester –, aber keine Nachkommen. Ihre Regentschaft währte 45 Jahre (bis 1603).

Bei all den Erfolgen Elisabeths I. darf nicht vergessen werden – dies ist auch für Schillers Gestaltung der Figur wichtig –, wie hart die Monarchin **um den Thron kämpfen** musste: Sie war die Tochter Heinrichs VIII. und seiner zweiten Frau Anna Boleyn, die er drei Jahre nach der Heirat 1536 enthaupten ließ – offiziell wegen Ehebruchs, inoffiziell wegen des Fehlens eines männlichen Erbens. Aus Sicht der katholischen Kirche und ihrer Anhänger ist Elisabeth unehelich geboren, weil der Papst die erste Scheidung ihres Vaters nie anerkannt hatte. Ihr haftete auch jenseits eines katholischen Rechtsverständnisses formaljuristisch der **Status eines illegitimen Kindes** an, weil Heinrich VIII. seine zweite Ehe, die mit ihrer Mutter, nicht wieder legalisiert hatte. Nach dem Tod ihres Vaters geriet Elisabeth wiederholt in Verdacht, die Macht übernehmen zu wollen; während der Regierungszeit Marias I. wurde sie deswegen für zwei Monate **im Tower inhaftiert**.

Auch nachdem Elisabeth der Thron zugefallen war, blieb sie aufgrund ihrer illegitimen Herkunft angreifbar; diese Schwäche machte sich die vom Papst protegierte Maria Stuart zunutze.

Maria Stuart und ihre scheiternden Thronansprüche

Maria Stuart (1542–1587) um 1560

Das stichhaltigste Argument für einen Thronanspruch Maria Stuarts ist ihre **makellose Abstammung** von Heinrich VII.: Als seine Urenkelin gehörte sie wie Elisabeth zum Adelsgeschlecht der Tudors. Da Maria Stuarts Großmutter eine Schwester von Elisabeths Vater war, waren beide Großcousinen. Dieser **dynastischen Beweisführung** standen allerdings **juristische Hindernisse** entgegen: Elisabeths Vater Heinrich VIII. hatte testamentarisch alle ausländischen Mitglieder des Hauses Tudor von der Thronfolge ausgeschlossen. Letztlich ist nicht feststellbar, ob Maria Stuart oder Elisabeth mehr Anrecht auf den englischen Thron hatte; den Ausschlag gaben die jeweiligen politischen Umstände. Doch welche biografischen Vorkommnisse ließen die schottische Königin überhaupt nach der englischen Krone greifen?

Im Unterschied zu Elisabeth fiel der neun Jahre jüngeren Maria ihr erster Thron gleichsam in den Schoß: Sie wurde automatisch nach dem Tod ihres Vaters James V. im Alter von wenigen Tagen Königin von Schottland, zumindest nominell. Faktisch regierte ihre Mutter Marie de Guise, während Maria Kindheit und Jugend **am französischen Hof** verbrachte, wo sie zur **überzeugten Katholikin** heranwuchs. 1558 heiratete die 15-Jährige wie vereinbart – die arrangierte Ehe bekräftigte das schottisch-französische Bündnis gegen England (Auld Alliance) – den Kronprinzen, der 1559 als Franz II. sein Amt antrat. Als im Jahr darauf nicht nur ihr Mann starb, wodurch ihr der französische Thron verloren ging, sondern auch ihre Mutter, beschloss Maria Stuart 1561, **nach Schottland heimzukehren**, um dort selbst die Regentschaft zu übernehmen: als Katholikin in einem Land, das inzwischen gegen ihren Willen mit Rom gebrochen hatte.

Dass Maria Stuart in ihrem eigenen Königreich als **potenzielle Unruhestifterin** wahrgenommen wurde, hatte neben ihrem abweichenden Glauben mit ihrer Weigerung zu tun, den 1560 zwischen Frankreich, England und Schottland geschlossenen **Vertrag von Edinburgh** anzuerkennen (im Stück erwähnt in V. 105 f.). Er kündigte nicht nur die schottisch-französische Allianz auf und beendete den Bürgerkrieg, sondern bestätigte zugleich Elisabeth I. als rechtmäßige Herrscherin. Die Klausel, derzufolge das monarchische Oberhaupt Schottlands so lange nicht den englischen Königstitel führen darf, wie Elisabeth I. und deren mögliche Nachkommen leben, war auf Maria Stuart gemünzt: Von Frankreich aus hatte die schottische Königin bereits 1558, auf Geheiß ihres Schwiegervaters Heinrich II., Zweifel an der Rechtmäßigkeit von Elisabeths Amtsantritt angemeldet und seither provokanterweise die englische Königskrone in ihrem Wappen geführt.

Der Konflikt um den englischen Thron kam auch in Maria Stuarts **zweiter Eheschließung** zum Tragen. Nach vier unauffälligen Jahren in Schottland, wo sie dezent ihrer Religion huldigte und die Regierungsgeschäfte weitgehend ihrem protestantischen Halbbruder Graf Moray überließ, verliebte sich Maria, um die ein Schönheitskult getrieben wurde, in ihren englischen Cousin **Lord Darnley** und heiratete ihn 1565. Doch ihre Wahl erwies sich in politischer und privater Hinsicht als **Fehlgriff:** Weil Darnley Katholik war, verlor sie den Rückhalt der meisten Adeligen und ihres Halbbruders. Außerdem war ihr Gatte anscheinend vergnügungssüchtig und beteiligte sich, vermutlich aus Eifersucht, an der Ermordung ihres Sekretärs Rizzio.

Bereits 1566, im Jahr der Geburt ihres Sohnes James, wandte sich Maria Stuart dem **Earl von Bothwell** zu, Anführer der anti-englischen schottischen Adeligen. Erneut traf sie damit eine schlechte Wahl, denn ihm wurde schließlich die **Ermordung ihres Ehemanns** angelastet: 1567 fiel Darnley einem Sprengstoffanschlag zum Opfer; Bothwell wurde als Drahtzieher und Maria Stuart als Mitwisserin verdächtigt. (Maria Stuarts Schuld, von der auch Schiller ausgeht, ist zwar bis heute nicht nachgewiesen, gilt aber als hochwahrscheinlich.) Bothwell wurde aus dubiosen, verfahrenstechnischen Gründen vom schottischen Parlament freigesprochen. Als die schottische Königin bereits drei Monate nach der Ermordung ihres zweiten Mannes den mutmaßlichen Täter heiratete, erzwang der Adel ihre **Abdankung** zugunsten ihres minderjährigen Sohnes. Maria Stuart wurde auf einem entlegenen Schloss festgesetzt, entkam im Mai 1568 und floh nach einem gescheiterten Aufstand ihrer Getreuen übers Meer nach England zu ihrer Großcousine Elisabeth I., von der sie sich sowohl Asyl als auch Beistand bei der Rückerlangung ihres Throns erhoffte.

Maria Stuarts Eintreffen brachte **Elisabeth I. in Bedrängnis**. Einerseits war ihre Verwandte die legitime Königin Schottlands, andererseits kam es Elisabeth zupass, dass nun wieder ein Protestant, nämlich Moray, im Nachbarland regierte. Zudem sah sich

Elisabeth bedroht: Maria beanspruchte immer noch den englischen Thron, auch wenn sie inzwischen nur noch Elisabeths Nachfolgerin werden wollte, falls diese kinderlos bliebe – was bedeutete, dass Maria vom Tod Elisabeths profitieren würde.

Angesichts dieser heiklen Situation entschied sich Elisabeth für eine **Verzögerungstaktik:** Unter dem Vorwand, Maria Stuart helfen zu wollen, leitete sie eine Untersuchung des Mordkomplotts ein und ließ sie derweil inhaftieren. Bald tauchten als Belastungsmaterial die zehn sogenannten **Kassettenbriefe** auf, die Maria Stuart an ihren Liebhaber Bothwell adressiert haben soll. Nachdem diese Untersuchung ergebnislos versandet war und Maria sich ohnehin auf die Position zurückzog, als gottgesandte Königin vor keinem weltlichen Gericht – und schon gar nicht vor einem englischen – Rechenschaft ablegen zu müssen, war die Situation völlig verfahren und mündete schließlich in eine fast **19 Jahre währende Gefangenschaft**. Die abgesetzte schottische Königin war währenddessen zwar vergleichsweise komfortabel einschließlich Dienerschaft auf Schlössern oder Burgen untergebracht, wurde aber andauernd **überwacht**.

Doch sogar als Gefangene stellte Maria Stuart eine Bedrohung dar: Ihre Anhänger unternahmen **intrigante Befreiungsaktionen**, die Elisabeths Sturz plus Ermordung vorsahen, und auch die Schottin selbst schmiedete Komplotte. Frankreich und Spanien, mit denen sie täglich korrespondierte, waren die Hauptakteure einer vom Vatikan unterstützten Offensive zur Reinstallation der katholischen Kirche in England. In Gefangenschaft war Maria Stuart **Hoffnungsträgerin der europäischen Gegenreformation**.

Zum Verhängnis wurde Maria Stuart ein neues Sicherheitsgesetz: Der 1585 erlassene „Act for the Queen's Safety" sah vor, dass nicht nur die Person bestraft wurde, die einen Anschlag auf die Königin verübte, sondern auch jene, zu deren Gunsten es geschah. Auf dieser problematischen Grundlage wurde Maria

Stuart im September 1586 wegen Beteiligung an der **Verschwörung Anthony Babingtons** – Anführer einer Katholizistengruppe, die Maria befreien und Elisabeth töten wollte – der Prozess gemacht. Am 25. Oktober 1586 erging das **Todesurteil**. Elisabeth I. unterzeichnete die Hinrichtungsurkunde erst am 1. Februar 1587; kurz zuvor war wieder ein Anschlag auf sie verübt worden, möglicherweise fingiert vom englischen Geheimdienst, um der Monarchin einen Anlass zu bieten. Am 8. Februar 1587 wurde Maria Stuart **enthauptet** (in Schloss Fotheringhay, wo auch Schillers Stück spielt). Diese erstmalige Hinrichtung einer gesalbten, das heißt von der christlichen Kirche rituell geweihten Herrschergestalt stellte generell die **Unantastbarkeit** von Monarchen infrage, die in der damaligen Zeit als **von Gott eingesetzt** galten.

Über den zeitlichen Rahmen des Stücks hinaus geht die anschließende Verschärfung der außenpolitischen Spannungen insbesondere mit Spanien. Nachdem die englische Seeflotte dessen Invasionstruppen 1588 besiegt hatte, wurden die Hoffnungen auf eine Rekatholisierung Englands endgültig begraben. 1603 bestieg nach dem Tod Elisabeths I. schließlich Maria Stuarts Sohn, James VI. von Schottland, den englischen Thron. Damit wurden beide Königreiche erstmals in **Personalunion** regiert, was den Grundstein für das heutige Großbritannien legte.

3 Entstehungsgeschichte und Stoffbearbeitung

Die **Idee**, ein Theaterstück über Maria Stuart zu verfassen, hatte Schiller bereits **1782/83** in Bauerbach: Er ließ sich damals historische Abhandlungen wie William Robertsons *Geschichte von Schottland* schicken und schrieb dem Bibliothekar Reinwald, dass er seinem Verleger Weygand „meine Maria Stuart versprochen“ hatte. Schiller stellte das Projekt dann aber zugunsten seines Dramas *Don Karlos* zurück. Dass der Stuart-Stoff ihn

nachhaltig beeindruckt hatte, zeigt die Notiz, mit der er 1788 ein Exemplar von Robertsons Werk an seine künftige Frau Charlotte von Lengefeld sandte: „Lassen Sie sich", so heißt es dort, „die Leiden der armen Königin zu Herzen gehen."

Schillers berufliches Interesse an dem Stoff wurde im Jahr 1799 wieder geweckt, allerdings erst nach einer **Phase der Unentschiedenheit**. Am 19. März, zwei Tage nach Abschluss seiner *Wallenstein*-Trilogie, schrieb er noch an Goethe, „Neigung und Bedürfnis" zögen ihn nun zu einem „frei phantasierten" Stoff und er habe Soldaten, Helden und Herrscher „herzlich satt". Doch schon einen Monat später, nach dem Weimarer Bühnentriumph von *Wallensteins Tod*, hatte er seine **Meinung geändert** und teilte demselben Adressaten am 25. April in Bezug auf die Regierungsgeschichte Elisabeths und den Prozess der Maria Stuart mit: „Ein paar tragische Hauptmotive haben sich mir gleich dargeboten und mir **großen Glauben an diesen Stoff** gegeben, der unstreitig sehr viel dankbare Seiten hat." Auch die weitere Entstehung des Stücks erfolgte im intensiven mündlichen und schriftlichen **Gedankenaustausch mit Goethe**.

Das zuerst in Angriff genommene Studium der ebenso umfangreichen wie widersprüchlichen **historischen Quellen** ging zügig vonstatten, da Schiller – vor allem durch seine Publikation *Geschichte des Abfalls der vereinigten Niederlande von der spanischen Regierung* (1788) – **umfassende Vorkenntnisse** über das 16. Jahrhundert besaß. Daneben rezipierte er anscheinend einige der rund 50 bereits vorhandenen Maria-Stuart-Dramen, die mehrheitlich als Tendenzstücke von niedrigem literarischem Niveau die schottische Königin zur Märtyrerin verklärten.

In die **schöpferische Arbeitsphase** trat Schiller Anfang Juni ein und es gelang ihm, bis Ende August die ersten beiden Akte zu verfassen. Die Fertigstellung des Stücks zog sich aber in die Länge, weil der Dichter ab Herbst 1799 öfter pausieren musste: Neben der Erkrankung seiner Frau und einer Nervenfieber-

Attacke sorgten **anderweitige berufliche Verpflichtungen** wie der *Musenalmanach* oder die Übersetzung von Shakespeares *Macbeth* für Unterbrechungen. Auch Schillers Umzug nach Weimar hatte Verzögerungen zur Folge: Goethe, dort Theaterdirektor, vereinnahmte ihn als Dramaturg und Regisseur. Am 9. Juni 1800 vollendete Schiller *Maria Stuart*, nachdem er sich für den letzten Akt auf das Jagdschloss des Herzogs Carl August zurückgezogen hatte.

Bereits am 14. Juni fand die **Weimarer Uraufführung** statt, da Schiller schon im Mai Leseproben mit der Schauspieltruppe durchgeführt hatte. Das Stück war ein **Erfolg:** Seinem Freund Körner schrieb Schiller am 16. Juni von „einem Succeß, wie ich ihn nur wünschen konnte". Die **Buchausgabe**, Grundlage der heute verfügbaren Textfassung, erschien im darauffolgenden Jahr. Eine bald danach von dem in Weimar lebenden Joseph Charles Mellish vorgelegte **Übersetzung ins Englische** stieß auf geringe Resonanz in dessen Heimatland, weil Schillers negativ gezeichnete Elisabeth der dortigen Geschichtsschreibung widersprach.

Maria Stuart als Büßerin im letzten Akt von Schillers Drama

Allerdings weicht Schillers Figurenkonzeption auch von der sonstigen Forschungslage ab. Denn er betrieb, ebenso wie bei seinen anderen Historiendramen, keine möglichst exakte Wiedergabe der Fakten, sondern deren **künstlerische Verwertung**. Es ist bezeichnend, aus welchem Grund ihm der erste Akt Schwierigkeiten bereitete:

weil ich den poetischen Kampf mit dem historischen Stoff darin bestehen mußte und Mühe brauchte, der Phantasie eine Freiheit

> *über die Geschichte zu verschaffen, indem ich zugleich von allem, was diese Brauchbares hat, Besitz zu nehmen suchte*
> (Brief an Goethe vom 19. Juli 1799).

Bei der literarischen Bearbeitung eines historischen Stoffs ist ein **Spannungsverhältnis** zwischen realer und fiktionaler Wirklichkeit **unvermeidlich**. Bereits in seinem Aufsatz *Über die tragische Kunst* sprach Schiller sich dafür aus, im Dienste einer poetischen Stimmigkeit „die historische Wahrheit den Gesetzen der Dichtkunst unter zu ordnen"[1]. Damit befindet er sich im Einklang mit Aristoteles, der feststellte, dass der Dichter nicht die Aufgabe habe, mitzuteilen, was wirklich geschehen ist, sondern „vielmehr, was geschehen könnte, d. h. das nach den Regeln der Wahrscheinlichkeit oder Notwendigkeit Mögliche"[2].

Ergebnis ist im Fall von *Maria Stuart* ein Drama, dessen Eckdaten größtenteils mit den historischen übereinstimmen, das aber in einigen wichtigen Details von den überlieferten Tatsachen abweicht. Grundsätzlich ist davon auszugehen, dass es sich bei solchen Ungereimtheiten nicht um Irrtümer oder willkürliche Verfälschungen handelt, sondern um **dichterische Freiheit**, verknüpft mit einer bestimmten Wirkungsabsicht. Allerdings übersteigt der Sinngehalt eines literarischen Textes prinzipiell die Autorintention. Maßgeblich sind also nicht mögliche Motivationen Schillers, sondern **Funktion und Wirkung** der im Text vorhandenen Abweichungen.

Zum einen dienen fiktive Details der **Spannungssteigerung**, indem sie auf eine Rettung Marias hinweisen: Erfunden ist zum Beispiel – obgleich nicht von Schiller als Erstem – das Treffen der Königinnen; in Wahrheit sind sie einander nie begegnet. Auch die Mortimer-Figur sowie die Liebesbeziehung Maria Stuarts zu dem Grafen von Leicester sind Fantasieprodukte.

Zum anderen lässt sich eine Reihe **abweichender Lebensdaten** feststellen, die das Beziehungsnetz der Figuren verdichten. George Talbot alias Shrewsbury etwa ist im Stück nicht nur

Das fiktive Zusammentreffen von Elisabeth I. und Maria Stuart

älter, sondern wird von Schiller auch zum Lordsiegelbewahrer befördert, sodass er als lebenskluger, vertrauenswürdiger Mann gekennzeichnet ist. Den größten Effekt hat die Verschleierung des wahren Alters von Maria Stuart (eigentlich 44 Jahre) und Elisabeth (53 Jahre): Geschickt wird der Eindruck erweckt, beide seien noch verhältnismäßig jung, ohne dies ausdrücklich zu behaupten (etwa in V. 1 810). Dies ermöglicht eine **Zuspitzung des Konflikts**, da beider Wettstreit um männliche Aufmerksamkeit plausibler erscheint.

Zudem ist die **außenpolitische Lage vereinfacht** dargestellt: Obwohl Spanien damals der Hauptfeind Englands war, erscheint als größte Bedrohung Frankreich – bezeichnenderweise jenes Land, mit dem Maria enge verwandtschaftliche Beziehungen verbanden. Leicester setzte sich denn auch mitnichten „zu Schiff nach Frankreich“ ab, wie es im letzten Vers heißt, sondern befehligte 1588 Landtruppen gegen die spanische Invasion.

Insgesamt betrachtet lösen diese historischen Ungenauigkeiten das Bühnengeschehen so weit aus seiner historischen Verankerung, dass es über das Konkrete hinausweist und **allgemeinere menschliche Grundkonflikte** veranschaulicht. Dass Schiller kein gänzlich fiktives Setting für sein Drama gewählt hat, verleiht der anthropologischen Dimension mehr Gewicht: So sind sie, die Menschen, lautet gleichsam der Tenor – verbürgt durch die historische Überlieferung.

Inhaltsangabe

Die Handlung lässt sich auf die nicht explizit genannte Jahreszahl 1587 datieren, weil das Stück wenige Tage vor der Hinrichtung Maria Stuarts spielt. Die beiden in England angesiedelten Schauplätze existieren als reale Orte: zum einen der Londoner Palast zu Westminster, königliche Residenz Elisabeths und bereits damals Versammlungsort des Parlaments; zum anderen das 100 Kilometer nördlich gelegene Schloss zu Fotheringhay, letztes Haftquartier und Hinrichtungsstätte Maria Stuarts.

I. Aufzug: Maria als stolze Gefangene

I, 1: Kennedy und Paulet streiten über Maria.

Auf Schloss Fotheringhay konfisziert Maria Stuarts Bewacher, der Ritter Paulet, Schriftstücke und ein wertvolles Stirnband, worin er Beweise für Beziehungen der Inhaftierten zu Englands Feind Frankreich sieht. Die wortreich protestierende Hanna Kennedy – Amme und Vertraute Marias – nimmt die Durchsuchung zum Anlass, sich darüber zu beklagen, dass ihre Herrin unter unwürdigen Bedingungen rechtswidrig gefangen gehalten wird. Paulet widerspricht ihr heftig und betont, dass Maria Haft und Prozess verdient hat, nachdem sie, im eigenen Königreich als Mörderin des Thrones enthoben, bei ihrer Verwandten Elisabeth Asyl suchte. Er beschreibt die Schottin als gefährliche Verschwörerin, die Elisabeth ermorden und selbst den englischen Thron besteigen will, um den Katholizismus wiedereinzuführen.

I, 2: Maria Stuart fürchtet, bald zu sterben.

Maria nimmt die Beschlagnahmungen mit stolzer Gelassenheit auf. Sie verlangt von Paulet, Elisabeth einen unter den konfiszierten Schriftstücken befindlichen Brief auszuhändigen: Darin bittet sie ihre Verwandte, der sie noch nie begegnet ist, um eine Unterredung. Außerdem will Maria neben einem katholischen Priester auch einen Notar konsultieren, um ihr Testament zu machen, denn sie fürchtet, hinterrücks ermordet zu werden oder an haftbedingter Schwäche zu sterben. Voll böser Ahnungen erkundigt sich Maria noch bei Paulet nach dem Ausgang ihrer Gerichtsverhandlung: Er gibt sich unwissend, deutet aber ihren baldigen Tod an.

Maria (Anna Schudt) will von ihrem Bewacher Paulet (Oliver Nägele) Neues über ihren Prozess erfahren; Aufführung am Residenztheater München 2006

I, 3: Mortimer verweigert Maria den Respekt.

Verärgert nimmt Maria zur Kenntnis, dass Paulets Neffe Mortimer sie in verletzender Weise ignoriert, als er seinem Onkel eine Nachricht überbringt. Paulet jedoch lobt an dem Jüngling, dass er immun gegen weibliche Verführungskünste sei.

I, 4: Maria bekennt sich zu ihren früheren Verfehlungen.

Maria offenbart Kennedy, dass sie nun, am Jahrestag der Ermordung ihres Mannes König Darnley, erneut mit Schuldgefühlen kämpft, weil sie bei dieser Tat Komplizin war. Die Kammerfrau beschwichtigt ihre Herrin energisch, indem sie auf die längst erfolgte kirchliche Vergebung dieser Sünde hinweist und Entlastungsgründe – Marias jugendliche Unerfahrenheit, Darnleys Verruchtheit – anführt. Wie ebenfalls zur Sprache kommt, hat Maria den Mörder ihres Mannes, Bothwell, der Justiz entzogen und geheiratet, was Kennedy mit dessen teuflischen Verführungskünsten entschuldigt. Schließlich versichert die Kammerfrau ihrer Herrin, in England mit gutem Gewissen auf ihrer Unschuld bestehen zu können, weil man hier nicht befugt sei, ein Urteil über ihre Taten zu fällen.

I, 5: Mortimer sucht das ungestörte Gespräch mit Maria.

Mortimer überreicht der misstrauischen Maria eine geheimnisvolle Karte, woraufhin sie erschrickt und Kennedy als Wache nach draußen schickt.

I, 6: Mortimer eröffnet Maria seine Pläne zu ihrer Befreiung.

Mit einem Empfehlungsschreiben von Marias Onkel, dem Kardinal von Lothringen, und einem schwärmerischen Bericht seiner in Rom erfolgten Konversion zum Katholizismus weist Mortimer sich als vertrauenswürdiger Anhänger Marias aus, der sogar seinen Onkel Paulet zu täuschen vermochte. Er bekennt, wie sehr er Maria wegen ihrer Schönheit und ihrer märtyrerhaften Duldsamkeit verehrt, seit er ihr Bildnis in Frankreich sah, und wie unerschütterlich er sie als einzig rechtmäßige Regentin Englands anerkennt. Seine Ausführungen münden in die Enthüllung, dass Maria hingerichtet werden soll und er Vorbereitungen zu ihrer Befreiung getroffen hat, unterstützt von dem französischen Gesandten Graf Aubespine. Maria, die kaum glauben kann, dass Elisabeth so weit gehen würde, versucht Mortimer von seiner selbstmörderischen Rettungsaktion abzubringen. Sie überrascht ihn mit dem Auftrag, Graf Leicester zu kontaktieren, der als ihr größter Feind gilt.

I, 7: Burleigh überbringt Maria das Todesurteil.
Als Gesandter des Gerichts sucht Großschatzmeister Burleigh Maria Stuart auf, um ihr offiziell das ergangene Urteil kundzutun. Als er zur Bekanntgabe des Schuldspruchs ansetzt, verstrickt Maria ihn kämpferisch in einen Disput. Zum einen moniert sie die Voreingenommenheit der andersgläubigen, traditionell anti-schottisch eingestellten Richter. Zum anderen entlarvt sie das neue Gesetz, das ihr wegen angeblicher Teilnahme an der Verschwörung Babingtons die Verurteilung einbringt, als Farce. Maria bestreitet außerdem die Echtheit der als Beweismittel verwendeten Briefabschriften und unterstellt, dass der Eid ihres Schreibers Kurl durch Folter erpresst wurde. Letztlich verteidigt Burleigh, der kaum zu Wort kommt und das Urteil nur beiläufig erwähnt, Marias Hinrichtung als legitim, da sie als Aufrührerin England innen- und außenpolitisch gefährdet. Maria bestreitet vehement, Elisabeth ermorden zu wollen, und stellt ihr Handeln als Notwehr dar: als berechtigte Reaktion darauf, dass sie trotz friedlicher Absichten eingekerkert wurde. Ihre Selbstverteidigung gipfelt in einem Angriff auf Elisabeth: Sie wirft ihr vor, ihre Macht zu missbrauchen, indem sie einen Mord als Hinrichtung tarnt.

I, 8: Burleigh will Paulet anstiften, Maria zu beseitigen.
In einem Zwiegespräch mit Paulet verleiht Burleigh seiner Sorge Ausdruck, dass Elisabeth Maria letztlich begnadigen wird, um vor der Welt nicht als ungerecht dazustehen. Burleigh legt Paulet nahe, Maria unauffällig zu beseitigen, um einem unausgesprochenen Wunsch Elisabeths Genüge zu tun. Obwohl Paulet Maria ebenfalls gern tot sehen würde, weist er dieses Ansinnen aus Gewissensgründen empört zurück.

II. Aufzug: Elisabeth als eitle Machtpolitikerin

II, 1: Elisabeths mögliche Heirat wird bei Hofe erörtert.

Im Palast zu Westminster bereden der Graf von Kent und Staatssekretär Davison die Wahrscheinlichkeit einer Ehe Elisabeths. Während Davison bezweifelt, dass sie die vorliegende französische Brautwerbung letztlich annimmt, berichtet Kent zuversichtlich vom Jubel des Volkes, das nun hofft, nach Elisabeths Tod von ihrem leiblichen Erben statt möglicherweise von der Katholikin Maria Stuart regiert zu werden.

Elisabeth (Petra Hartung) und ihre Höflinge; Deutsches Nationaltheater Weimar 2005

II, 2: Elisabeth knüpft ein Bündnis mit Frankreich.

In einer großen Runde adliger französischer und englischer Herren verhandelt Elisabeth mit dem französischen Gesandten Graf Aubespine und dem außerordentlichen Botschafter Frankreichs, Graf Bellievre, über die Brautwerbung des französischen Königssohns. Auf Maria Stuarts Hinrichtung anspielend, betont Elisabeth ausweichend, dass sie ein Freudenfest derzeit für unangebracht hält. Zugleich äußert sie ihren Widerwillen gegen den Ehestand, der für das weibliche Geschlecht einer Unterwerfung gleichkomme, und beklagt sich über ihr Volk, das dieses Opfer wegen der Thronfolge von ihr verlangt. Schließlich lässt Elisabeth sich von Bellievre und Aubespine einen Ring als verbindliches Zeichen ihres künftigen Jaworts abnötigen und besiegelt den Bund der beiden Königreiche. Als Aubespine es wagt, sich für Maria Stuart zu verwenden, pocht Elisabeth auf ihre königliche Entscheidungsautonomie.

II, 3: Elisabeth konsultiert ihre Berater.

Elisabeth bespricht das weitere Schicksal Maria Stuarts mit ihrem Staatsrat, dessen drei Mitglieder unterschiedliche Standpunkte beziehen. Burleigh redet Elisabeth zu, sich zum Wohle des Landes und zur Sicherung des eigenen Überlebens ihrer gefährlichen, auch von Frankreich aus unterstützten Feindin zu entledigen. Der greise Talbot alias Graf Shrewsbury hingegen rät von der Hinrichtung ab, weil sie ungerecht wäre, und appelliert an Elisabeth, bei der Entscheidung ihrem eigenen freien Willen zu folgen und weibliche Milde gegenüber Maria walten zu lassen. Elisabeths Vertrauter Graf Leicester, der als Letzter das Wort ergreift, bestreitet angesichts des neuen Bündnisses mit Frankreich Marias Gefährlichkeit und hält es für vorteilhafter, ihre Hinrichtung aufzuschieben. Aus Elisabeths Reaktionen geht hervor, dass sie ein Blutvergießen vermeiden will. Sie kündigt an, sich zurückzuziehen, um mit Gottes Hilfe eine Entscheidung zu fällen.

II, 4: Elisabeth zeigt sich gerührt von Marias Brief.

Elisabeths Aufbruch wird verzögert durch das Eintreffen von Paulet und Mortimer. Nachdem Letzterer Verehrung für Elisabeth bekundet und erläutert hat, wie er sich als verdeckter Spion für England in das Vertrauen von Marias französischen Unterstützern geschlichen hat, ergreift Paulet die Chance, der Königin wie versprochen Marias Bittbrief zu überreichen. Elisabeth zeigt sich gerührt, weil das Schreiben ihr neben dem Sturz einer mächtigen Frau auch die Vergänglichkeit alles Irdischen vor Augen führt. Während Talbot Elisabeth zuredet, sich mit ihrer Feindin zu versöhnen, will Burleigh ein Treffen verhindern, weil Elisabeths Nähe üblicherweise eine Begnadigung nach sich zieht. Leicester wiederum sieht in der möglichen Begegnung einen würdigen Schritt, der Elisabeth zu nichts verpflichten würde. Elisabeth schickt die uneinigen Lords weg und behält nur Mortimer bei sich.

II, 5: Elisabeth beauftragt Mortimer, Maria zu ermorden.
Elisabeth gesteht Mortimer, nachdem sie ihn hinreichend ausgeforscht zu haben meint, den Tod Marias herbeizusehnen. Doch will sie sich die Hände nicht mit dem Befehl zur Urteilsvollstreckung schmutzig machen, weil sie einen Ansehensverlust fürchtet. Wie sie durchblicken lässt, hält sie Mortimer der Aufgabe für gewachsen, die sein Onkel Paulet verweigerte. Mortimer gibt ihr zu verstehen, bald für Marias Tod zu sorgen. Als Belohnung stellt Elisabeth ihm ihre Liebesgunst in Aussicht.

II, 6: Mortimer ist entschlossen, Elisabeth zu verraten.
Im Selbstgespräch empört sich Mortimer über die Falschheit Elisabeths und die Fehleinschätzung seiner Person. Er hält es für geboten, sie zu täuschen, und verspricht sich davon einen Zeitgewinn für seine Pläne. Elisabeth beschreibt er als reizlos und erklärt seine Bereitschaft, für Marias Liebesgunst zu sterben.

II, 7: Paulet redet Mortimer ins Gewissen.
Paulet, der ahnt, mit welchem Verbrechen Elisabeth seinen Neffen beauftragt hat, versucht, ihn davon abzubringen. Mortimer gibt sich begriffsstutzig. Leicester unterbricht die beiden mit der Nachricht, dass gemäß einer Anweisung Elisabeths nun Mortimer uneingeschränkt für Maria Stuarts Schutz verantwortlich ist.

II, 8: Leicester und Mortimer streiten wegen Marias Rettung.

Mortimer findet bei einer geheimen Unterredung mit dem zunächst misstrauischen Leicester heraus, dass der Graf für Maria Stuart tiefe Zuneigung empfindet und die Schottin sich ihm zuwenden will, wenn er sie rettet, obwohl er sie einst aus Ehrgeiz – zugunsten einer möglichen Ehe mit Elisabeth – als Braut ausschlug. Wie Leicester erläutert, ist er seines jahrelangen Werbens um Elisabeth überdrüssig, zumal sie nun offenbar den französischen Thronfolger heiraten will. Mortimer weiht Leicester in seine eigenen gefährlichen Pläne zu einer gewaltsamen Befreiung Maria Stuarts ein und gibt auch Elisabeths Mordabsichten preis, um den Ernst der Lage zu verdeutlichen, doch zu seiner Enttäuschung scheut der Graf das Risiko. Er ist lediglich zu der List bereit, Elisabeth ein Treffen mit Maria einzureden, um so auf eine Begnadigung hinzuwirken. Verärgert geht Mortimer ab.

II, 9: Leicester überredet Elisabeth, Maria zu treffen.

Überrumpelt von Elisabeths plötzlichem Erscheinen, preist Leicester als Ablenkungsmanöver ihre Schönheit und heuchelt Liebeskummer angesichts ihrer baldigen Hochzeit. Als sie über ihr der Pflicht geweihtes Leben klagt, kommt Elisabeth neidisch auf Marias freudvolle Vergangenheit zu sprechen. Als Leicester Elisabeths Neugierde auf Marias Äußeres bemerkt, macht er ihr ein Treffen schmackhaft, indem er ihr versichert, Maria an Schönheit zu übertrumpfen. Elisabeth lässt sich überreden, Maria noch am selben Tag zu treffen, wenn die Jagdgesellschaft Fotheringhay passiert.

Leicester (Rainer Wöss) beeinflusst Elisabeth (Katharina Thalbach). Hans Otto Theater in Potsdam 2008

III. Aufzug: Konfrontation der Königinnen

III, 1: Maria schöpft bei einem Spaziergang Hoffnung.

Die unerwartete Erlaubnis, ihr Gefängnis für einen Parkspaziergang mit Kennedy verlassen zu dürfen, deutet Maria – die von Elisabeths baldiger Ankunft noch nichts weiß – zuversichtlich als Anzeichen für Lord Leicesters Hinwirken auf ihre Befreiung.

III, 2: Paulet kündigt Maria das Eintreffen Elisabeths an.

Stolz informiert Paulet Maria im Beisein von Kennedy, dass die von ihm überbrachte briefliche Bitte nun erfüllt wird und Elisabeth sich sogleich im Park zu dem Treffen einfinden wird. Maria bekundet entsetzt, nicht hinreichend vorbereitet zu sein.

III, 3: Maria erwartet Elisabeth voller Hass.

Der ehemalige Hüter Maria Stuarts, Graf Shrewsbury alias Talbot, ist der Jagdgesellschaft vorausgeeilt und tritt hinzu. Maria fleht ihn an, sie vor einem Zusammentreffen mit Elisabeth zu bewahren: Außer sich vor plötzlichem Hass auf ihre Feindin, sieht Maria sich außer Stande, Elisabeth wie geplant mit einem ausgefeilten Plädoyer zu erweichen. Shrewsbury ermahnt Maria eindringlich, sich zu ihrem eigenen Besten vor der Mächtigeren zu demütigen.

III, 4: Maria verspielt endgültig ihre Begnadigung.

Elisabeth nähert sich mit Leicester und schützt vor, nicht zu wissen, wo sie sich befindet. Mühsam ihren Stolz bändigend, wirft sich Maria vor Elisabeth auf den Boden, verknüpft mit dieser Unterwerfungsgeste aber die Forderung, von ihr aufgeholfen zu bekommen. Auf Elisabeths kalte Weigerung reagiert Maria zunächst mit Vorwürfen bezüglich der Unrechtmäßigkeit ihrer Gefangennahme und Verurteilung. Dann sucht sie aber eine Einigung mit der Behauptung zu erzielen, dass beide Königinnen letztlich nichts für ihren Streit könnten, sondern dazu aufgestachelt wurden. Elisabeth hingegen hält Maria wegen deren

Anspruch auf den englischen Thron für die alleinige Verursacherin und sieht sich zur Enthauptung berechtigt, weil jene ihr nach dem Leben trachtete. In der Erkenntnis, dass die argwöhnische Elisabeth sie auch nicht als Nachfolgerin akzeptieren wird, erklärt Maria ihren völligen Verzicht auf den englischen Thron und verlangt als Gegenleistung ihre Freiheit. Die Kapitulation auskostend, verhöhnt Elisabeth Maria als unzüchtige Männermörderin, was Maria so in Rage bringt, dass sie Elisabeth wegen deren illegitimer Herkunft als Bastard beschimpft und ihren eigenen Anspruch auf den englischen Thron zum einzig rechtmäßigen erklärt. Ohne Erwiderung geht Elisabeth mit ihren Lords schnell davon.

„Ja, es ist aus, Lady Maria." Elisabeth (Juliane Köhler) droht Maria (Anna Schudt). Residenztheater München 2006

III, 5: Maria genießt ihren Triumph.

Kennedy schilt Maria, weil sie mit ihrem Wutausbruch die Chance auf Begnadigung verspielt hat. Maria hingegen ist erleichtert, sich für die jahrelange Erniedrigung gerächt zu haben.

III, 6: Mortimer belästigt Maria.

Erfüllt von Leidenschaft, preist Mortimer Marias rhetorischen Sieg über Elisabeth. Auch berichtet er verächtlich von Leicesters Feigheit und präsentiert sich selbst als einzig brauchbarer Retter. Er will Maria in der kommenden Nacht mit seinen Gefährten befreien und dabei auch seinen Onkel töten. Obwohl Maria diesen

Plan als frevelhaft zurückweist, bedrängt Mortimer sie respektlos, sich ihm hinzugeben. Maria entgeht der drohenden Vergewaltigung, weil Kennedy mit der Mitteilung herbeistürzt, in der Nähe hätte sich bewaffnetes Volk versammelt. Maria flieht ins Schloss.

III, 7: Die Nachricht von Elisabeths Ermordung

Paulet ist damit beschäftigt, Schloss Fotheringhay zu verrammeln. Er teilt seinem Neffen Mortimer mit, dass Elisabeth in London ermordet wurde, und gibt Maria die Schuld daran.

III, 8: Elisabeth lebt und Maria scheint verloren.

Wie Mortimer von seinem Freund OKelly erfährt, hat Elisabeth den Anschlag doch überlebt; der vom Papst aufgehetzte Attentäter wurde gefasst. Obwohl das Schloss umzingelt und die Rettungsmission verloren ist, will Mortimer lieber sterben als aufgeben.

IV. Aufzug: Elisabeths ehrlose Unentschlossenheit

IV, 1: Aubespine wird die Identität des Attentäters mitgeteilt.

Im Palast zu Westminster wird der französische Graf Aubespine, der sich nach Elisabeths Befinden erkundigt, von den englischen Grafen Leicester und Kent darüber informiert, dass der Attentäter Franzose und militanter Papstanhänger war.

IV, 2: Burleigh weist Aubespine wegen Hochverrat aus.

Burleigh beauftragt Davison, den Hinrichtungsbefehl Elisabeth schnellstmöglich zur Unterschrift vorzulegen. Danach beschuldigt er aufgrund verdächtiger Indizien Aubespine des Hochverrats und fordert ihn auf, England umgehend zu verlassen. Aubespines Drohung hinsichtlich einer Auflösung des geplanten Ehebündnisses läuft ins Leere: Wie Burleigh ihm mitteilt, hat Elisabeth bereits davon Abstand genommen.

IV, 3: Burleigh ist Leicester auf die Schliche gekommen.
Burleigh bezichtigt Leicester, Elisabeth durch das Treffen mit Maria eine Falle gestellt zu haben. Leicester kündigt an, diesen zutreffenden Verdacht im Gespräch mit Elisabeth zu entkräften.

IV, 4: Mortimer wird von Leicester verraten und tötet sich.
Leicesters Hoffnung, seine Affäre mit Maria geheimhalten zu können, zerschlägt sich, als Mortimer ihn aufsucht, um ihn zu warnen: Burleigh hat einen angefangenen Brief Marias an Leicester gefunden. Spontan lässt Leicester Mortimer als Verschwörer verhaften, um sich vor Elisabeth reinwaschen zu können. Seine leidenschaftliche Loyalität für Maria bekennend, erdolcht Mortimer sich in Anwesenheit der Wache, ohne Leicester zu verraten.

IV, 5: Elisabeth sinnt auf Rache an Maria und Leicester.
In ihrem Zimmer ereifert sich Elisabeth in Anwesenheit Burleighs über Leicesters Untreue und Heimtücke. Erfüllt von Rachegefühlen, bekundet sie, Maria und Leicester hinrichten lassen zu wollen. Ihr Entschluss, Leicester nicht mehr zu empfangen, gerät ins Wanken, als er Einlass begehrt.

IV, 6: Leicester rettet seinen Hals.
Nachdem Leicester sich, auf seinen angestammten Platz als Elisabeths Günstling pochend, Einlass verschafft hat, versucht er Elisabeth zu überzeugen, dass seine Wachsamkeit Burleighs Verdienste übertrifft. Konfrontiert mit Marias Brief, behauptet er, sich mit ihr eingelassen zu haben, um sie auszuspionieren. Er verblüfft Elisabeth und Burleigh, als er ihnen eröffnet, soeben mit Mortimers Verhaftung die Befreiung Marias vereitelt zu haben. Zur Untermauerung seiner Glaubwürdigkeit plädiert er für Marias sofortige Hinrichtung. Auf Anraten Burleighs überträgt ihm die misstrauische Elisabeth die Verantwortung für die Vollstreckung und weist Burleigh an, den Hinrichtungsbefehl vorzubereiten.

IV, 7: Das Volk dringt auf Unterzeichnung des Todesurteils.
Wie der Graf von Kent Elisabeth mitteilt, umlagert das Volk den Palast: In Aufregung wegen des Gerüchts, dass die Katholiken Maria gewaltsam befreien und ihr auf den Thron verhelfen wollen, fordert es von Elisabeth die Unterzeichnung des Todesurteils.

IV, 8: Elisabeth schreckt vor der Unterzeichnung zurück.
Staatssekretär Davison bringt Elisabeth das Todesurteil zur Unterzeichnung, doch ihr kommen Zweifel, ob es klug ist, sich dem öffentlichen Druck zu beugen.

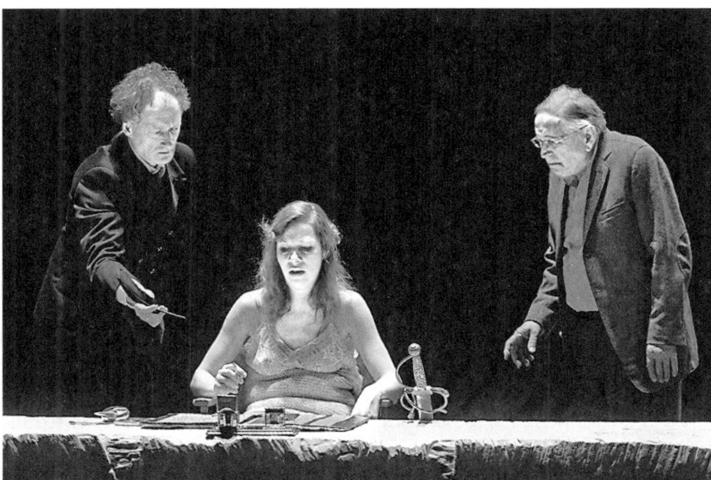

Die unentschlossene Königin Elisabeth (Jule Böwe) mit Davison (Falk Rockstroh, li.) und Talbot (Erhard Marggraf) vor dem zu unterzeichnenden Todesurteil. Aufführung der Schaubühne Berlin 2006

IV, 9: Elisabeth erhält gegensätzliche Ratschläge.
Graf Shrewsbury alias Talbot, der Elisabeth bei dem Attentat das Leben rettete, redet ihr zu, die ungerechte Entscheidung aufzuschieben. Burleigh drängt Elisabeth, ohne Rücksicht auf ihre Beliebtheit zum Wohl des Volkes zu handeln und durch die Hin-

richtung einen Rückfall in den Katholizismus abzuwenden. Elisabeth will allein gelassen werden, um Gottes Rat zu empfangen.

IV, 10: Elisabeth unterzeichnet das Todesurteil.

In einem Monolog sehnt sich Elisabeth nach der Freiheit, ungestraft eine tyrannische Entscheidung treffen zu können, und hadert mit den Sachzwängen ihres Amts: Sie bedauert, angesichts der katholischen Bedrohung – durch den Papst, Frankreich und Spanien – auf die Volksgunst angewiesen zu sein. Weil sie sich in politischer und privater Hinsicht von Maria beraubt fühlt und hofft, so den Makel ihrer eigenen illegitimen Herkunft zu tilgen, unterschreibt sie schließlich das Todesurteil.

IV, 11: Elisabeth will Davison die Verantwortung zuschieben.

Von Davison erfährt Elisabeth, dass Shrewsbury die auf Hinrichtung drängende Menge zu besänftigen vermochte, was sie resigniert zur Kenntnis nimmt. Elisabeth versucht, ihrer Verantwortung zu entkommen, indem sie dem Staatssekretär das unterzeichnete Todesurteil zwar aushändigt, es aber seinem Gutdünken anheimstellt, wie er damit verfährt. Doch Davison weigert sich erschrocken, mehr zu tun, als einem eindeutigen Befehl Folge zu leisten. Schließlich lässt ihn die verärgerte Elisabeth mit der unklaren Aufforderung stehen, seines Amtes zu walten.

IV, 12: Burleigh nimmt das Todesurteil an sich.

Verzweifelt überlegt Davison, ob er das Dokument weiterleiten oder zurückhalten soll. Der hereintretende Burleigh deutet Elisabeths Unterschrift als eindeutige Willensbekundung und entreißt dem überforderten Davison das Dokument, um es zu vollstrecken.

V. Aufzug: Marias Tod und Elisabeths Niederlage

V, 1: Kennedy berichtet von Marias Gefasstheit.

Unter den anwesenden Bedienten Marias, die nun zurückkehren durften, befindet sich auch Marias Haushofmeister Melvil. Ihm berichtet Kennedy, mit welch bewundernswerter Gefasstheit ihre Herrin die plötzliche Hoffnungslosigkeit ihrer Lage hingenommen hat.

V, 2: Margareta Kurl entlastet Maria Stuart.

Wie die Kammerfrau Kurl von Melvil erfährt, wird ihr Mann – der als Schreiber Marias die Echtheit staatsfeindlicher Briefabschriften bezeugte und so das Todesurteil ermöglichte – erst nach der Hinrichtung aus dem Gefängnis entlassen. Sie beteuert, dass ihr Mann einen Meineid geleistet hat und Maria unschuldig stirbt.

V, 3: Die heldenmütige Maria wird umsorgt.

Marias Leibarzt Burgoyn erläutert Melvil, dass er für Marias Stärkung sorgt, damit sie nicht aus bloßer körperlicher Schwäche auf dem Schafott fälschlicherweise furchtsam erscheint.

V, 4: Maria zieht sich zu einem letzten Gebet zurück.

Zwei Kammerfrauen teilen Melvil weinend mit, dass Maria ein letztes Mal Zwiesprache mit Gott halten will.

V, 5: Margareta Kurl schildert die Hinrichtungsstätte.

Aus Kurls entsetzter Schilderung ist zu entnehmen, dass sich an der bedrohlich gestalteten Hinrichtungsstätte ein blutgieriges, großes Publikum eingefunden hat.

V, 6: Maria verabschiedet sich von ihren Bedienten.

In festlicher Kleidung und geschmückt mit zahlreichen katholischen Symbolen, tritt Maria gefasst und hoheitsvoll zu ihren

Dienerinnen und Dienern und tröstet sie, indem sie ihren Tod als Erlösung und Beginn ewiger Freiheit im Jenseits beschreibt. Nachdem sie Melvil mit der Übermittlung von Segenswünschen betraut hat, erläutert Maria ihren Bedienten, welchen Besitz sie ihnen testamentarisch zugesprochen hat. Gegen ihre Gerührtheit ankämpfend, sagt sie zum Schluss jedem einzeln Lebewohl.

V, 7: Maria beichtet und empfängt das Abendmahl.

Melvil beglückt Maria mit der Eröffnung, dass er sich extra zum Priester hat weihen lassen, um ihr die entsprechenden Sterbesakramente spenden zu können. Maria beichtet den Hass auf Elisabeth, die eitle Liebe zu Leicester und ihre Schuld an der Ermordung ihres Gatten samt der Ehe mit Bothwell. Als Melvil Maria unterstellt, ihre staatsfeindlichen Verschwörungen zu verschweigen, beteuert sie, Elisabeth nie nach dem Leben getrachtet zu haben. Dennoch hält Maria ihre Hinrichtung für gerecht: als gottgewollte Buße für ihre frühere Schuld. Nach Absolution und Abendmahl begehren Leicester und Burleigh Einlass.

Maria Stuart (Heidemarie Hatheyer), geschmückt mit katholischen Symbolen; Aufführung in Düsseldorf (1957)

V, 8: Maria verzeiht Elisabeth.

Frei von Bitterkeit begegnet Maria Burleigh und Paulet, die gekommen sind, um letzte Wünsche von ihr entgegenzunehmen; Leicester hält sich von Maria fern und vermeidet jeden Blickkontakt. Wie Maria Elisabeth ausrichten lässt, vergibt sie ihr die

Hinrichtung und bereut, sie am Vortag beleidigt zu haben. Paulet verzeiht ihr, dass sein Neffe Mortimer für sie starb.

V, 9: Maria beschämt Leicester.
Maria setzt bei Burleigh durch, dass Kennedy und Melvil sie zur Hinrichtung begleiten dürfen. Bevor Maria aufbricht, gesteht sie Leicester in Anwesenheit der anderen, ihn geliebt zu haben. Sie wünscht ihm Glück an Elisabeths Seite, deutet aber gleichzeitig an, dass ihn sein Gewissen quälen könnte.

V, 10: Leicester wird Ohrenzeuge der Hinrichtung.
Wie in Leicesters verzweifeltem Monolog deutlich wird, ist seine Liebe zu Maria erneut geweckt. Er will sich zusammenreißen, um keinen neuen Zweifel an seiner Loyalität für Elisabeth aufkommen zu lassen, doch er kann sich nicht überwinden, die Enthauptung mitanzusehen. Unfreiwillig wird er deren Ohrenzeuge und bricht ohnmächtig zusammen.

V, 11: Elisabeth wartet auf Nachricht bezüglich der Hinrichtung.
Im Palast zu Westminster wartet Elisabeth unruhig auf eine Nachricht bezüglich Marias Hinrichtung und vermutet die Vollstreckung. Sie wagt aber nicht, sich Gewissheit zu verschaffen.

V, 12: Elisabeth erlangt Kenntnis von Marias Hinrichtung.
Wie Elisabeth von einem Pagen erfährt, haben Leicester und Burleigh vor Tagesanbruch die Stadt verlassen. Da sie diese beiden Männer mit der Vollstreckung des Todesurteils betraut hat, wird Elisabeth klar, dass Maria hingerichtet wurde. Ihre spontane Erleichterung schlägt sofort in Angst um, dafür zur Rechenschaft gezogen zu werden.

V, 13: Elisabeth erfährt von Kurls Widerruf.

Besorgt teilt Shrewsbury Elisabeth mit, dass Marias ehemaliger Schreiber Kurl, als er ihn im Gefängnis besuchte, seine Aussage – bezüglich der zum Todesurteil führenden Briefe an Babington – widerrufen hat. Obwohl Elisabeth weiß, dass es bereits zu spät ist, sichert sie Shrewsbury zu, Marias Fall erneut untersuchen zu lassen.

V, 14: Elisabeth schiebt Davison die Schuld zu.

In Anwesenheit Shrewsburys empfängt Elisabeth ihren Staatssekretär Davison und gibt vor, sie hätte ihm das unterzeichnete Todesurteil nur ausgehändigt, damit er es verwahre. Elisabeth tut überrascht, als sie von der Übergabe des Dokuments an Burleigh erfährt.

Letzter Auftritt: Elisabeth bestraft und verliert ihre Getreuen.

Burleigh teilt Elisabeth offiziell die Hinrichtung mit. Nachdem er Davison entlastet und freiwillig zugegeben hat, die Vollstreckung des Urteils eigenmächtig veranlasst zu haben, verbannt diese ihn. Davison wird härter bestraft: Elisabeth lässt ihn inhaftieren und kündigt an, ihn zu verklagen, weil er seine Vollmacht überschritten und das ihm anvertraute Dokument veruntreut habe. Shrewsbury durchschaut Elisabeths Täuschungsmanöver und tritt resigniert von seinem Posten als Lordsiegelbewahrer zurück. Als Elisabeth schließlich nach Leicester rufen lässt, erfährt sie, dass er das Land in Richtung des feindlichen Frankreichs verlassen hat, was sie mit mühsamer Selbstbeherrschung aufnimmt.

Textanalyse und Interpretation

1 Aufbau und Struktur des Stücks

Mit seiner strengen, durchkomponierten Form sticht *Maria Stuart* nicht nur aus den Dramen Schillers heraus, sondern gilt auch im Vergleich zu sonstigen Bühnenwerken als Muster an technischer Vollkommenheit.

Das Stück folgt weitestgehend der dramaturgischen Konzeption von den drei Einheiten. Sie wurde im französischen Klassizismus unter Rückgriff auf den antiken Philosophen Aristoteles entwickelt und von dem aufklärerischen Gelehrten Johann Christoph Gottsched bereits Mitte des 18. Jahrhunderts für das deutsche Drama gefordert. Unter **Einheit der Handlung** ist zu verstehen, dass alle Handlungsstränge auf ein Zentrum ausgerichtet sind. Dies trifft auf *Maria Stuart* zu, da sämtliche Elemente des Geschehens Auswirkungen auf das Schicksal der Titelfigur haben. Die **Einheit des Ortes** schreibt einen gleichbleibenden Schauplatz vor: *Maria Stuart* spielt zwar durchweg in England, aber an zwei Orten – in Marias Gefängnis Schloss Fotheringhay und in Elisabeths Residenz, dem Westminster-Palast. Auch die Regel von der **Einheit der Zeit** hat Schiller nicht konsequent beachtet, denn sein Stück umfasst nicht einen, sondern drei Tage: Wie sich aus Hinweisen erschließen lässt (V. 2 059, 2 130 f., 3 876 f.), fällt der erste Aufzug mit dem ersten Tag zusammen; der zweite Tag erstreckt sich von der morgendlichen Staatsratssitzung im zweiten Aufzug über die Begegnung der beiden Königinnen im dritten bis zur Unterschrift Elisabeths unter das Todesurteil am Ende des vierten Aufzugs; der fünfte und letzte Aufzug fällt zusammen mit dem dritten Tag.

Die von Schiller hier im Wesentlichen geleistete Wahrung der drei Einheiten ist ein Merkmal der **geschlossenen Form**, auch **Tektonik** genannt.[3] Sie lässt das Bühnengeschehen wie einen autonomen Kosmos wirken, bei dem alle Teile ihren festen Platz haben und sich zu einem wohlgeordneten, harmonischen Ganzen verbinden. Bei *Maria Stuart* trägt zu diesem Effekt entscheidend die **Symmetrie** im Aufbau bei. Denn für die gleichmäßig gewichteten Auftritte Marias und Elisabeths dient der mittlere Aufzug, in dem sich die Kontrahentinnen begegnen, als Spiegelachse: Der erste sowie der letzte Aufzug sind ausschließlich beziehungsweise schwerpunktmäßig der schottischen Königin vorbehalten, der zweite und vierte komplett der englischen Regentin.

In einem bemerkenswerten Spannungsverhältnis dazu steht die **antithetische Anordnung** des Stücks. Gegensätzlichkeit wird nicht nur über die Personenkonstellation hergestellt, sondern auch mithilfe der Schauplätze: Das kärgliche Schloss Fotheringhay, wo Maria gefangen gehalten wird, steht in einem scharfen Kontrast zum prunkvollen Westminster-Palast Elisabeths.

Dieses Nebeneinander von Symmetrie und Antithese erzeugt **dynamische Geschlossenheit:** Das Kausalgefüge des Stücks droht von widerstreitenden Kräften auseinandergesprengt zu werden. Auch in den Übergängen zwischen den Auftritten spiegelt sich diese besondere Bewegtheit wider. Einerseits vollzieht sich die Handlung fließend und chronologisch, innerhalb der Aufzüge sogar ohne zeitliche Sprünge; die auf der Bühne präsenten Personen werden so gut wie nie komplett ausgetauscht – irgendjemand bleibt fast immer als Bindeglied zurück. Andererseits entsteht eine gewisse Gedrängtheit, weil Interaktionen oft durch das unerwartete Herannahen anderer Figuren unterbrochen werden. Folglich gibt es einige extrem kurze Auftritte.

Die Struktur des Dramas

Peripetie

Exposition	steigende Handlung	Höhe- und Wendepunkt	fallende Handlung	Katastrophe
• Vorgeschichte: Thronanspruch und Gefangennahme • Marias Schuld: Ermordung ihres Gatten • Mortimer als Retter • Burleigh überbringt Todesurteil • Paulet verweigert Meuchelmord	• Elisabeth plant Eheallianz mit Frankreich • Staatsrat: Diskussion über Todesurteil • Elisabeth beauftragt Mortimer mit Meuchelmord • Leicester überredet Elisabeth zum Treffen mit Maria	• Disput der Königinnen: Maria verspielt Begnadigung • Mortimers Vergewaltigungsversuch • Elisabeth überlebt Attentat • Maria unter Verdacht: Volk umzingelt Schloss	• Scheitern der Eheallianz: Ausweisung Aubespines wegen Hochverrat • Burleigh verdächtigt Leicester • Mortimers Selbstmord • Elisabeth unterzeichnet Todesurteil	• Maria akzeptiert ihren Tod • Beichte Marias: Unschuld an Verschwörungen • Gang zum Schafott: Maria verzeiht Elisabeth und Leicester • Elisabeth bürdet Verantwortung ihren Getreuen auf • Elisabeths Verlassenheit

Jenseits der einzelnen Auftritte ist die **Handlungsführung** des Dramas grob in fünf Aufzüge gegliedert, auch Akte genannt. Dies lässt sich mit dem **fünfstufigen Pyramidenschema** veranschaulichen, das Gustav Freytag 1863 in *Die Technik des Dramas* unter Bezug auf die aristotelische Tragödie – bestehend aus Exposition, Peripetie und Katastrophe – entwickelte (siehe Schaubild).

Der erste, in *Maria Stuart* temporeich startende Aufzug dient als **Exposition:** Die Hauptperson sowie die Vorgeschichte zu ihrer jetzigen Lebenssituation werden vorgestellt und die maßgeblichen Konfliktthemen (Marias Thronanspruch und Gefangennahme) angerissen. Geschickt legt Schiller die Hintergrundinformationen verschiedenen Personen in den Mund. Bereits von Anfang an schwebt das Unheil der Hinrichtung über Maria.

Im zweiten Aufzug findet die **steigende Handlung** statt: Die Verwicklung spitzt sich zu. Mit dem Auftreten Elisabeths und der anderen Gegenspieler verschärft sich die Bedrohung für Maria, während zugleich die Möglichkeit einer Begnadigung durch ein Treffen der beiden Königinnen eröffnet wird.

Der dritte Akt gestaltet die **Peripetie** (Höhe- und Wendepunkt): Maria verspielt im Schlagabtausch mit Elisabeth endgültig ihre Begnadigung. Danach verhindert eine rasche Folge aktionsgeladener Ereignisse – Mortimers Vergewaltigungsversuch, das fehlgeschlagene Attentat auf Elisabeth und die Belagerung Fotheringhays – ein Durchhängen des Spannungsbogens.

Der vierte Akt ist der **fallenden Handlung** vorbehalten: Nach Leicesters Verrat und Mortimers Selbstmord ist die Befreiung Marias unwiderruflich gescheitert. Gleich einer Ironie des Schicksals befördern die Rettungsversuche Mortimers und Leicesters die Hinrichtung. Marias Untergang wird besiegelt, als Elisabeth schließlich den Hinrichtungsbefehl unterzeichnet.

Im fünften Akt vollzieht sich die **Katastrophe:** Maria wird hingerichtet, obwohl sie selbst in ihrer Beichte beteuert, der englischen Königin nie nach dem Leben getrachtet zu haben, und belastende Zeugenaussagen sich als falsch erweisen. Elisabeth versucht, die Verantwortung für Marias Tod von sich abzuwälzen, und steht am Ende ohne ihre Getreuen da.

Insgesamt wird der Handlungsverlauf auffallend stark bestimmt von vorgelagerten Ereignissen: von Marias Mitschuld an der Ermordung ihres Mannes, der erzwungenen Abdankung als schottische Königin, ihrer Flucht nach England, auf dessen Thron sie Anspruch erhebt, der Gefangennahme durch Elisabeth sowie dem Prozess und dem Todesurteil. Trotzdem stellt das Stück kein rein **analytisches Drama** dar, bei dem nur die „letzten Auswirkungen“[4] einer Vorgeschichte auf die Bühne gelangen und die eigentliche Katastrophe bereits geschehen ist. Dafür hat das Gezeigte zu viel Gewicht; Alternativen wie Begnadigung oder Befreiung Marias scheinen grundsätzlich möglich. Ebenso wenig kann das Stück aber als **Zieldrama** bezeichnet werden, das definitionsgemäß auf eine Katastrophe zusteuert. Denn diese scheint doch weitgehend durch die Vorgeschichte programmiert. Folglich ist das Stück ein **Mittelding** zwischen analytischem Drama und Zieldrama. Dadurch fordert es uns auf, die gegenwärtigen Handlungsspielräume der Figuren angesichts von durch die Vergangenheit gegebenen Zwängen auszuloten.

2 Charakterisierung der Hauptfiguren

Die Handelnden des Stücks repräsentieren nicht in erster Linie ihren adeligen Stand und ihre Epoche, sondern verkörpern als **Gattungswesen** ethische, politische und anthropologische Grundprobleme aus Schillers Zeitalter, die der Autor indes für allgemein menschlich hielt: Gegenüber Goethe vertritt Schiller die Auffassung, alle poetischen Personen seien „symbolische Wesen“, die „immer das allgemeine der Menschheit darzustellen und auszusprechen haben“ (Brief vom 24. August 1798).

Von daher verwundert es nicht, dass Schiller in *Maria Stuart* **kein soziologisch differenziertes Panorama** der damaligen englischen Gesellschaft zeichnet: Das soziale Spektrum ist reduziert auf einen **kleinen Personenkreis**, bestehend aus Einzelnen mit je eigenen Interessen, die nicht als Vertreter verschiedener Adelsgruppierungen gekennzeichnet sind. Das Volk tritt nicht direkt auf und findet lediglich als Masse Erwähnung (etwa in V. 2 592, 3 053). Somit erhält das Bürgertum, das sich mit dem Zusammenbruch des Feudalismus und der beginnenden Industrialisierung als Schicht formierte, in Schillers Drama keine Stimme.

Den Figuren eignet zudem **keine ausgeprägte Individualität**; sie können eher als Personifikationen abstrakter Wertvorstellungen gelten: Maria etwa als Verkörperung von Erhabenheit, Burleigh als Sprachrohr des Utilitarismus (Nützlichkeitsprinzip) oder Shrewsbury als Inbegriff von Humanität. Die Agierenden sind insofern **Ideenträger**, als sie fast in jeder Situation zu elaborierten Statements fähig sind und aus ihrem Privatleben nur gezeigt wird, was für die moralischen Konflikte von Belang ist.

Dennoch wirken Schillers Figuren nicht wie wandelnde Begriffe. Lebensnähe ergibt sich zum einen aus ihren unterschiedlichen Anteilen: Niemand ist ausschließlich gut oder böse. Schiller postulierte, dass der Tragödiendichter „mit Recht den **gemischten Charakteren** den Vorzug“ gibt und das Ideal seines Helden „in gleicher Entfernung zwischen dem ganz verwerflichen und dem vollkommenen“[5] liegt. Zum anderen wirken die Gestalten in *Maria Stuart* deshalb nicht wie blutleere Konstrukte, weil sie eine gewisse **psychologische Tiefe** besitzen, insbesondere die Königinnen: Bei beiden wird bezeichnenderweise die Kindheit als prägende Phase ihrer Persönlichkeitsentwicklung ins Spiel gebracht (V. 46 ff., 1 377 ff.). Sämtliche wichtigen Personen des Stücks weisen außerdem eine unausleuchtbare **innere Dunkelzone** auf, sodass ihre Beweggründe nicht immer zu durchschauen sind.

Antithetische Figurenkonstellation

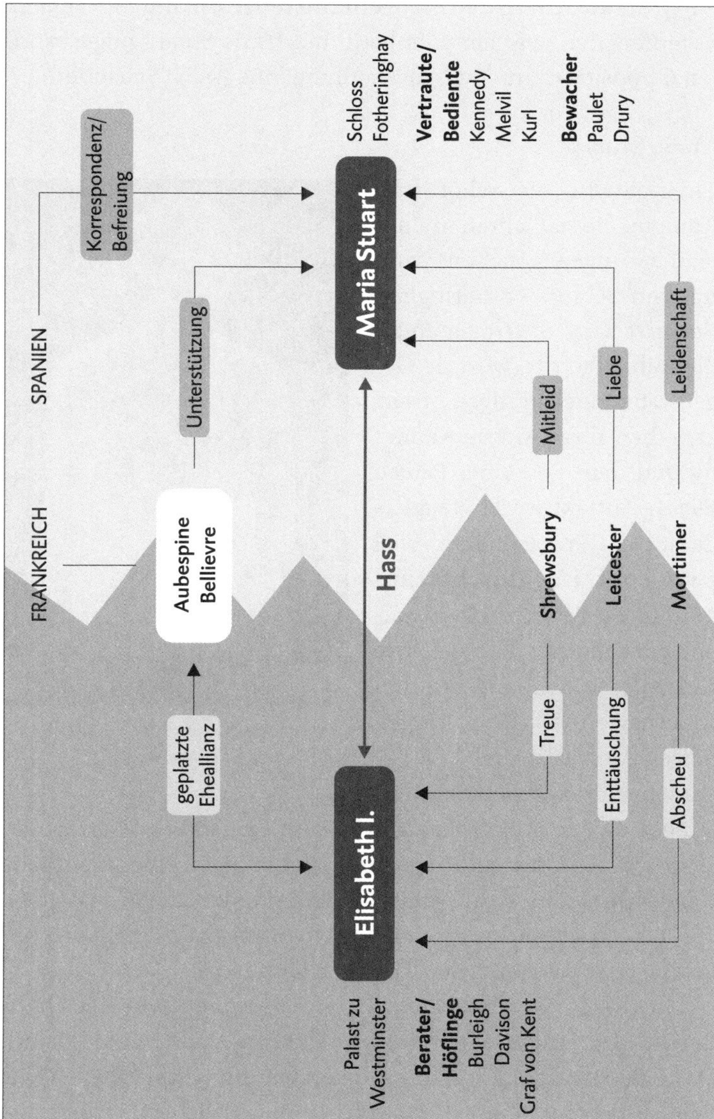

Geschärft werden die Konturen der handelnden Personen durch die **antithetische Figurenkonstellation**; nur drei Figuren haben bei der zwischen Elisabeth und Maria Stuart aufgespannten Opposition eine Zwischenstellung inne (siehe Schaubild).

Maria Stuart

Titelfigur ist die schottische Königin, die seit Jahren in England gefangen gehalten wird, nun auf Schloss Fotheringhay. Bevor Maria Stuart erstmals die Bühne betritt, wird sie Gegenstand eines heftigen Streits zwischen ihrer Amme Kennedy und dem Bewacher Paulet. Dieser Auftakt weckt Neugierde auf die Protagonistin, weil zwei **konträre Einschätzungen** ihrer Persönlichkeit aufeinanderprallen: Ist sie, wie Kennedy behauptet, ein bedauernswertes Gewaltopfer, dessen „edles Herz“ (V. 52) entbehrungsreiche Haftbedingungen quälen und das rechtswidrig in England vor Gericht gestellt wurde? Oder hat Paulet recht, der in Maria eine gefährliche Ränkeschmiedin sieht: eine „unheilbrütend Listige“ (V. 132), die den „bösen Künsten der Verschwörung“ (V. 113) vertraut, um anstelle Elisabeths den Thron zu besteigen?

Eingesperrt und zum Tode verurteilt: Yvon Jansen als Maria Stuart

Mit diesen unvereinbaren Extrempositionen wird gleich zu Beginn des Stücks eine breite **Bewertungsskala** aufgespannt. Da beide Standpunkte erkennbar von emotional gefärbter Parteilichkeit geprägt sind – Kennedy ist von zärtlicher Loyalität erfüllt, Paulet von Feindseligkeit und Furcht –, scheint keiner angemessen. Daraus ergibt sich ein unausgesprochener **Appell an das Publikum**, sich im weiteren Verlauf der Handlung selbst ein differenzierteres, stimmiges Urteil über die Königin zu bilden.

Genau dies erweist sich jedoch als schwierig, weil Maria die **komplizierteste, facettenreichste Figur** des Stücks ist und ihr Verhalten oftmals zweideutig bleibt: Wollte sie beispielsweise Paulet wirklich die konfiszierten Briefe ohnehin noch am selben Tag aushändigen oder befreit sie sich mit dieser Behauptung nur geistesgegenwärtig vom Verdacht der Intrige (V. 158 ff.)? Maria wäre eine raffinierte Vorgehensweise zuzutrauen, denn sie kann als **brillante Rhetorikerin** gelten: Problemlos drängt sie Burleigh in die Defensive, indem sie ihre Hinrichtung als Justizmord entlarvt, und sie bezeichnet sich zugleich mit ironischer Bescheidenheit als „ungelehrtes Weib“ (V. 764), das sich mit einem „so kunstfert'ge[n] Redner“ (V. 765) nicht messen könne.

Als hervorstechendste Eigenschaft Marias ist ihre **Schönheit** gestaltet, gegen deren bezaubernde, sinnliche Wirkung die wenigsten männlichen Figuren gefeit scheinen. Selbst Marias früherer Bewacher Shrewsbury, dem ob seines hohen Alters keine sexuellen Interessen mehr zugebilligt werden, steigert sich in eine Schwärmerei hinein (V. 1 395 f.). Die ihr zugewiesene Attraktivität macht Maria Stuart zum Objekt männlicher Begierde und stellt zugleich ein **gefährliches Politikum** dar, denn immer wieder setzt ein Anhänger für ihre Befreiung sein Leben aufs Spiel: Paulet spricht von den „Rasenden“, die „sich wetteifernd / Um ihrentwillen in den Abgrund stürzen“ (V. 77 f.), und Elisabeth erwähnt höhnisch die „traur'ge Ritterschaft“ der „Abenteurer“ (V. 2 405 f.). Verkörpert wird diese Anhängerschaft durch Mortimer: Marias Bildnis von „rührend wundersamem Reiz“ (V. 504) machte ihn zum Gotteskrieger, und sein Festhalten an der Rettungsmission verdankt sich Marias „Schönheitsglanze“ (V. 567). Feuermetaphern (vgl. *Interpretationshilfe,*

S. 92) unterstreichen die zerstörerische Macht Marias: Burleigh beschreibt die Schottin als eine, „die mit / Der Liebesfackel dieses Reich entzündet." (V. 1 281 f.)

Einerseits wird Maria als **dämonische Verführerin** präsentiert, „die schmeichelnd jedem Hoffnung gibt" (V. 1 283), andererseits entbehrt ihr Verhalten jeglicher **Koketterie:** Sie ermutigt Mortimer in keiner Weise zu seinen in einem Vergewaltigungsversuch gipfelnden Avancen. Ihre Interaktionen mit Mortimer sprechen Maria von dem Verdacht frei, ihre Sinnlichkeit für das Schmieden staatsfeindlicher Komplotte einzusetzen.

Folglich ist die äußere Erscheinung Maria Stuarts eng mit der zentralen Frage verknüpft, inwiefern sie des Hochverrats **schuldig** ist. Dies lässt sich nur auf der Folie des Entwicklungsprozesses beantworten, den sie im Stück durchläuft. Die **Läuterung** der Protagonistin vollzieht sich nicht kontinuierlich und stetig, sondern als sprunghaftes Auf und Ab, immer wieder fällt Maria Stuart zurück in Rachegelüste (siehe Schaubild).

Welche sind also die **wichtigsten Stationen** ihrer Entwicklung weg von der verwöhnten, leichtsinnigen und selbst vor Mord nicht zurückschreckenden Ehebrecherin hin zur furchtlos das Schafott besteigenden moralischen Siegerin? Bereits bei ihrem ersten Auftritt (I, 2) zeigt sich Maria gefasst – trotz ihrer Einkerkerung und des unheilkündenden Wartens auf ihr Urteil: Sie akzeptiert klaglos den Verlust ihres letzten Schmuckstücks und erteilt Paulet nur mit gelinder Überheblichkeit Anweisungen. Ihr Satz „Man kann uns niedrig / Behandeln, nicht erniedrigen" (V. 155 f.) fasst ihre **stolze Haltung** zusammen.

Einen ersten Höhepunkt erreicht Marias Moralität im anschließenden vertraulichen Dialog mit Kennedy (I, 4), bei dem sie sich wegen ihrer Mitschuld an der Ermordung ihres Mannes als von Gewissensnöten geplagte **Sünderin** zu erkennen gibt und den Eindruck vermittelt, die drohende Verurteilung als Buße für das in der Vergangenheit liegende Verbrechen akzeptieren zu wollen.

Marias wechselvoller Aufstieg zu Erhabenheit

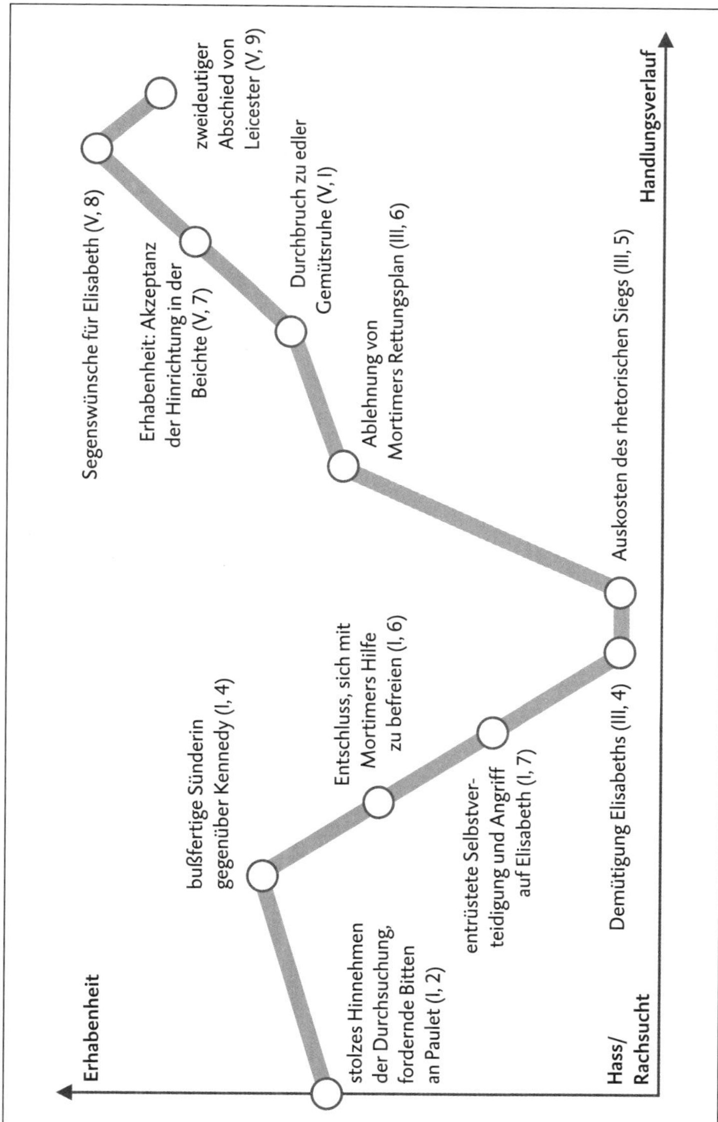

Die dritte wichtige Station stellt das Gespräch mit Mortimer dar (I, 6), das Marias Läuterungsprozess ins Stocken bringt: Auf der einen Seite verleiht sein Rettungsangebot ihr neuen Lebensmut, sodass sie einen weiteren eigenen **intriganten Schritt** zu ihrer Befreiung unternimmt, indem sie Mortimer eine Nachricht für Leicester mitgibt. Auf der anderen Seite versucht sie durchaus, Mortimer von seinem gefährlichen Vorhaben abzubringen: „Unglücklicher, verführter Jüngling – flieht!" (V. 649) Ihre aufgestaute Bitterkeit bricht aber in der sarkastischen Bemerkung durch, eines Tages könnte ihr ein Giftbecher „Kredenzt sein von der Liebe meiner Schwester" (V. 630), also von Elisabeth.

Beim anschließenden Disput mit Burleigh lässt Maria sich zu einer kämpferischen Selbstverteidigung hinreißen, die in **harschen Ermahnungen** an Elisabeths Adresse gipfelt: Sie beschuldigt die englische Königin des Justizmords (V. 971 ff.).

Diese absteigende Linie setzt sich fort, als Maria beim Treffen mit Elisabeth ihre Rachgelüste nicht mehr zügeln kann (vgl. *Interpretationshilfe,* S. 95 ff.). Sie lässt sich von Elisabeth zu einer vernichtenden **Beleidigung** provozieren: Sie tituliert die englische Königin als „Bastard" (V. 2 447) und beansprucht selbst den Thron.

Diese Aggressionsabfuhr leitet zugleich die Wende in Maria Stuarts Reifeprozess ein: Nachdem sie ihren **Sieg ausgekostet** hat (V. 2 455 ff.), schwingt sie sich auf zu einer **Verurteilung** von Mortimers mörderischem Rettungsplan **als frevelhaft** (V. 2 522). Entschieden tritt sie seiner Ankündigung entgegen, notfalls auch Elisabeth zu töten, wird aber von ihm unterbrochen: „Nein, Mortimer! Eh so viel Blut um mich –" (V. 2 527).

Vom entscheidenden Moment der Wandlung erfährt das Publikum nur indirekt durch Kennedy: Die Amme schildert bewundernd, wie Maria Stuart, als sie hörte, dass man das Schafott errichtete, „Mit *einem* Mal, schnell augenblicklich [...] mit entschlossner Seele" alle Hoffnung fahren ließ, um **„glaubenvoll** den Himmel zu ergreifen." (V. 3 403 ff.) Kennedy prognostiziert, dass ihre Herrin wie eine „Heldin" (V. 3 380) sterben wird. Maria Stuarts **Durchbruch zu edler Gemütsruhe** ereignet sich also erst in dem Moment, als sie die Ausweglosigkeit ihrer Lage erkennt.

Vor diesem Hintergrund erscheint es unglaubwürdig, dass Schuldgefühle Marias Hauptgrund für ihr Einverständnis mit der Hinrichtung sind. Trotzdem wird ihre Haltung in der Beichtszene (V, 7) als erhabene moralische Größe dargestellt: Sie akzeptiert nun den „unverdienten Tod" auf dem Schafott als **Buße** für ihre „frühe schwere Blutschuld" (V. 3 735 f.).

Maria (Julia Loibl) ringt um Erhabenheit. Aufführung am Tiroler Landestheater 2009

Doch sogar angesichts des Schafotts gewinnen punktuell **menschliche Schwächen** die Oberhand. Denn Maria – der ihre Reichtümer zurückerstattet wurden, sodass ihr Gefängnis sich in einen prunkvollen Ort verwandelt – inszeniert sich in festlicher Kleidung **selbstgefällig** als tapfere Himmelsanwärterin und kehrt dabei auch ihre weltliche Machtstellung heraus: „Die Krone fühl ich wieder auf dem Haupt, / Den würd'gen Stolz in meiner edeln Seele!" (V. 3 493) Allerdings zeugen Marias Abschiedsworte an Elisabeth, die Burleigh übermitteln soll, in der Tat von geradezu **übermenschlicher Größe**, weil Maria ihrer Feindin umfassend verzeiht: „Sagt ihr, / Dass ich ihr meinen Tod von ganzem Herzen / Vergebe" (V. 3 782 ff.). Marias Abschiedsworte an Leicester bergen hingegen rachsüchtige Impulse; die stimmliche Sanftheit widerspricht dem Inhalt der **sarkastischen Worte**, die gute Wünsche mit unheilvollen Prognosen verbinden: „Lebt wohl, und wenn Ihr könnt, so lebt beglückt!" (V. 3 832) und „Mög Euer Lohn nicht Eure Strafe werden!" (V. 3 837) Bis zuletzt ficht Maria also einen inneren Kampf aus und bleibt unberechenbar.

Wie ist die **Schuldfrage** vor dem Hintergrund einer derart uneindeutigen Läuterung zu beantworten? Maria wäscht sich von ihrer alten Mordschuld rein, indem sie – ihrem Gewissen, aber auch dem äußeren Druck der Ausweglosigkeit sich beugend – das Todesurteil annimmt, trotz seiner falschen Grundlage: Mehrfach betont sie ihre „Unschuld" (V. 228, 687) und leugnet vehement, Mordkomplotte gegen Elisabeth ersonnen zu haben (V. 952 f., V. 3 729 f.). Maria wird also für ein Verbrechen hingerichtet, das sie nicht begangen hat. Aber die schottische Königin nahm billigend in Kauf, dass ihre Retter weiter als sie selbst zu gehen bereit waren. Daher mutet es **selbstgerecht** an, wenn Maria Paulet mitteilt, sie habe ihm „schuldlos vieles Weh bereitet" (V. 3 790), statt die Teilverantwortung am Tod seines Neffen Mortimer auf sich zu nehmen. Bringt sie ihre Schuldgefühle nicht zur Sprache oder empfindet sie keine? Maria bleibt letztlich **undurchschaubar**. Bezeichnenderweise hat sie im Stück keinen Monolog – das heißt keinen Moment der Selbstreflexion, bei dem das Publikum erfahren könnte, was in ihr vorgeht.

Insgesamt betrachtet ist Maria keine eindeutig positive Identifikationsfigur, sie erzeugt sowohl Mitleid als auch Ablehnung. Zur **Sympathieträgerin** wird sie als Opfer der perfiden Methoden ihrer Feindin Elisabeth, deren Charakter antithetisch zur schottischen Königin angelegt ist (siehe Schaubild). Psychologisch unstimmig wirkt die Gestaltung Maria Stuarts fast immer dann, wenn sie als Verkörperung des Schiller'schen Erhabenheitskonzepts (vgl. *Interpretationshilfe,* S. 73 ff.) zu fungieren hat, indem sie als bußfertige Sünderin auftritt.

Antithetik der Königinnen

Maria → Hass → Elisabeth
Elisabeth → Neid, Eifersucht → Maria

	Maria	**Elisabeth**
Stellung	• am Anfang isoliert	• am Anfang inmitten von Vertrauten
	• am Ende umgeben von Vertrauten	• am Ende isoliert
	• Gefangene	• Herrscherin
	• im kargen Gefängnis	• im prunkvollen Palast
	• von ihrem Volk vertrieben	• von ihrem Volk verehrt
	• besser als ihr Ruf	• schlechter als ihr Ruf
	• Märtyrerin	• Tyrannin
Aussehen	• verführerisch schön	• eitel / eifersüchtig
Charakter	• verwöhnt, „weicherzogen"	• entbehrungsreiche Jugend
	• selbstbewusst	• unsicher
	• sinnlich / leidenschaftlich	• kühl / kontrolliert
	• impulsiv / unbeherrscht	• berechnend / heuchlerisch
	• mutig	• feige
	• religiös	• gottlos
	• flatterhaft / leichtsinnig	• pflichtbewusst / diszipliniert
	• wandlungsfähig	• starr
	• dreimal verheiratet	• „jungfräulich"
	• moralische Siegerin	• moralische Verliererin
	• rettet ihre Seele	• verliert ihren „edlern Teil"

Elisabeth

Die englische Königin wird – genau wie ihre Widersacherin Maria Stuart – zunächst auf spannungsfördernde Weise indirekt in einer Dialogszene (II, 1) vorgestellt. Abgesehen von dieser formalen Parallele könnte das Umfeld Elisabeths bei ihrem anschließenden ersten Auftritt in keinem **schärferen Kontrast** zu der Kargheit des Gefängnisses von Maria Stuart stehen: Die englische Königin residiert in einem **glanzvollen Palast**, ist umgeben von vielköpfigem, ehrerbietigem Gefolge und ausländischen Diplomaten.

Maria Stuarts Gegenspielerin Elisabeth (Elisabeth Orth) mit Talbot (Martin Schwab); Burgtheater in Wien 2001

Doch diese strahlende Fassade zeigt schon bald erste Risse, die Einblicke in Elisabeths Persönlichkeitsstruktur gewähren. Unpassenderweise hegt die Monarchin den Wunsch, „unvermählt zu sterben“ (V. 1 157); „jungfräuliche Freiheit“ ist ihr „höchstes Gut“ (V. 1 166 f.). Elisabeths Ablehnung der Ehe entlarvt diese als patriarchale Institution, welche das weibliche Geschlecht unterdrückt. Die Monarchin reklamiert für sich einen Sonderstatus, der ihrer Selbstwahrnehmung als **starke Ausnahmefrau** entspricht. Von der geschlechtsspezifischen Bestimmung zur Ehefrau und Mutter, „dem Naturzweck“ (V. 1 183), will sie ausgenommen sein und sieht sich als Teil einer Minderheit: „Das Weib ist nicht schwach. Es gibt starke Seelen / In dem Geschlecht“ (V. 1 374 f.).

Zur Begründung ihrer Sonderrolle beruft sich Elisabeth auf ihr außergewöhnliches Pflichtbewusstsein, das einer **männlichen Leistungsethik** entspricht: gemäß dem Anspruch, „regiert / Zu haben, wie ein Mann und wie ein König" (V. 1 170f.), das heißt „unverdrossen, unermüdet" (V. 1 180). Die Basis für **Disziplin und Entsagung** wurde in ihrer freudlosen Kindheit und Jugend gelegt: „Dir war das Unglück eine strenge Schule", resümiert Shrewsbury (V. 1 377) mit Bezug auf ihren illegitimen Status.

Elisabeths Beharren auf Jungfräulichkeit und ihr Karriereeifer werden als **Frigidität** dargestellt, passend zu ihrer Konfession, die Mortimer als „das körperlose Wort" (V. 433) verhöhnt. Andere Textstellen erwecken hingegen den Eindruck, dass Elisabeth vorhandene **Triebbedürfnisse** unterdrückt. Maria deutet Elisabeths Tugendhaftigkeit als Fassade, wenn sie ihr eine „wilde Glut verstohlner Lüste" (V. 2 429) unterstellt. Für ein **heimliches Begehren** spricht, dass Elisabeth mehrfach bedauert, keine Liebesheirat eingehen zu dürfen (V. 1 156, 1 969), und Leicester bekundet, von ihrer Zärtlichkeit „geliebkost" worden zu sein (V. 1 786). Hinzu kommt Elisabeths Bereitschaft, Loyalität mit Liebesdiensten zu honorieren: Sie stellt Mortimer für die Ermordung Maria Stuarts eine Dankbarkeit in Aussicht, die „den Flor der Nacht / Entlehnen muss" (V. 1 628f.).

Warum ist Elisabeth eigentlich so bemüht, ihr Begehren zu verbergen? Die Wahrnehmung als sinnesfreudige Frau würde im Widerspruch stehen zu der unsinnlichen Liebe, die sie von ihren Untertanen entgegengebracht bekommen will. Elisabeth brüstet sich damit, **verehrt** zu werden, und stilisiert sich als **Führerin der Nation**, eines gesitteten Volks, „Das sich, sooft ich öffentlich mich zeige, / Mit Segnungen um meine Sänfte drängt" (V. 1 123 f.). Zu Recht fühlt sie sich durch das auf Heirat dringende Volk reduziert auf ihr Geschlecht und somit abgewertet: „Es zeigt mir dadurch an, dass ich ihm nur / Ein Weib bin" (V. 1 169 f.).

Nur durch ihre Machtposition attraktiv: Elisabeth (Jule Böwe) zweifelt nicht an der Ergebenheit von Leicester (Bernd Grawert). Schaubühne Berlin 2006

Der Preis, den Elisabeth für ihre keusche Selbstdarstellung zahlt, ist ihre **fehlende erotische Anziehungskraft**. Es ist zwar nie die Rede davon, dass Elisabeth hässlich ist, aber Mortimer spricht ihr mangels vorhandener Reize die Fähigkeit zu einer Liebesbeziehung ab: „Wer bist du Ärmste, und was kannst du geben?“ (V. 1 645). Und Leicester gibt gegenüber Mortimer zu, Elisabeth nur aus „Ehrgeiz“ (V. 1 770) der schönen Maria Stuart vorgezogen zu haben. Auch Elisabeth selbst ahnt, dass ihre Gegenspielerin sie in puncto Attraktivität in den Schatten stellt, sonst hätte sie Shrewsbury nicht verärgert unterbrochen, als er selbstvergessen von Maria Stuarts Schönheit schwärmte (V. 1 398), und sich nicht später empört an diesen Vorfall erinnert (V. 1 991 f.) Aus **Eitelkeit** will Elisabeth ihre Unterlegenheit jedoch nicht wahrhaben; nach Bestätigung dürstend, ist sie anfällig für die plumpen Schmeicheleien Leicesters, der sie als „Lichterscheinung“ rühmt (V. 2 039) und sie beschwatzt, sich bei einer persönlichen Begegnung mit Maria Stuart von deren – vermeintlicher – Reizlosigkeit zu überzeugen.

Aber das bessere Aussehen ist bei Weitem nicht das Einzige und auch nicht das Wichtigste, das Elisabeth ihrer Kontrahentin missgönnt. Auffällig ist, dass die Engländerin viel stärker **auf die Schottin fixiert** ist als umgekehrt, und zwar bis zur Paranoia: „*Maria Stuart* / Heißt jedes Unglück, das mich niederschlägt!“ (V. 3 235 f.) Elisabeths Selbstwahrnehmung vollzieht sich gleichsam in der **Negation** von Persönlichkeitsanteilen, die sie, erfüllt von **Neid und Eifersucht**, auf Maria Stuart projiziert: „Die hat sich jegliches erlaubt, *sie* hat / Den vollen Kelch der Freuden ausgetrunken." (V. 1 976 f.) Des Weiteren wirft sie ihr, sich selbst zugleich lobend und bedauernd, vor: „nimmer lud sie / Das Joch sich auf, dem *ich* mich unterwarf." (V. 1 980 f.)

In solchen Worten kommt, wie oft bei der englischen Königin, **Selbstmitleid** zum Tragen. Aus dieser Regung heraus reagiert Elisabeth auch mit Tränen auf Marias Brief. Sie weint nicht aus Mitgefühl mit ihrer Gegenspielerin, sondern aus Gerührtheit ob der Vergänglichkeit alles Weltlichen, die sie auf ihre eigene zerbrechliche Machtstellung bezieht: Es schneidet ihr ins Herz, dass „das Schicksal / Der Menschheit, das entsetzliche, so nahe / An meinem eignen Haupt vorüberzieht." (V. 1 540 ff.) Der Begriff „Haupt" verweist auf die geplante Enthauptung Marias und spielt darauf an, dass Elisabeth damit Kopf und Kragen riskiert.

Selbstmitleid spielt immer auch dann hinein, wenn Elisabeth die **Zwänge** thematisiert, denen sie ausgesetzt ist. Sie beklagt sich mehrfach über ihr Volk: Nicht nur zur Heirat fühlt sie sich gedrängt, sondern auch zur Unterzeichnung des Todesurteils (vgl. V. 3 072). Insbesondere hadert sie damit, wegen ihrer illegitimen Geburt auf die schwankende Volksgunst angewiesen zu sein: „Die Meinung muss ich ehren, um das Lob / Der Menge buhlen" (V. 3 194 f.). Auch unabhängig von ihrem Legitimationsproblem nimmt sie das **Regieren als Ausbeutungsverhältnis** wahr: „O Sklaverei des Volksdiensts! Schmähliche / Knechtschaft" (V. 3 190 f.); „Die Könige sind nur Sklaven ihres Standes" (V. 1 155). Einerseits verkehrt sie damit die faktischen Herrschaftsverhältnisse zynisch ins Gegenteil. Andererseits erweist sie sich aber als hochsensibel für die deformierenden Effekte und Zumutungen eines Amts, welches die gesamte Lebensführung der Trägerin öffentlich macht und vielfältige Rücksichtnahmen verlangt.

Offenkundig spielt Elisabeth Zwänge hoch, um sich **aus der Verantwortung zu stehlen**. Zwar ist nicht immer klar, ob sie bewusst taktiert oder sich selbst etwas vormacht. Dennoch ist zu beobachten, dass sie in Entscheidungssituationen ihre Macht und somit ihren Handlungsspielraum kleinredet: „So steh ich kämpfend gegen eine Welt,/ Ein wehrlos Weib!" (V. 3 220 f.) Man nimmt Elisabeth nicht ab, dass sie sich wegen Maria Stuart in einer existenziellen Bedrohungssituation – „Mich zu vernichten streben alle Mächte" (V. 3 214) – befindet. Elisabeths Entscheidung für die Hinrichtung bleibt anrüchig: weil diese nicht allein politischen Erwägungen, sondern einem persönlichen Motiven geschuldeten Hass entspringt – der sich freilich ohne seine politische Dimension nie so zugespitzt hätte.

Im Unterschied zu Maria entwickelt sich Elisabeth im Verlauf des Stückes nicht weiter. Sie wird lediglich zunehmend in all ihrer Erbärmlichkeit, das heißt als **feige Heuchlerin**, erkennbar. Sie behauptet beispielsweise, nicht hart genug für das Herrschen zu sein – „mein Herz ist weich" (V. 3 161) –, obwohl sie zuvor einen Mord in Auftrag gab. Die Verstellungskünste der englischen Königin gehen so weit, dass sie auch ihre Körpersprache zu kontrollieren vermag: „Es soll an Tränen mir / Nicht fehlen, die Gefallne zu beweinen!" (V. 3 899 f.) Wie ihr Monolog (IV, 10) offenbart, lässt sich Elisabeth weder die Argumente ihrer Berater durch den Kopf gehen, noch sucht sie Gottes Beistand. Offiziell will sie ein Blutvergießen vermeiden (V. 1 298 f.), insgeheim sinnt sie auf Rache (siehe Schaubild). Nicht aus Unsicherheit zögert Elisabeth die Unterzeichnung des Todesurteils hinaus, sondern weil sie fürchtet, dann als Tyrannin dazustehen: Den „Schein nicht retten" zu können ist für sie „das Schlimmste" (V. 1 598 f.).

Elisabeth ist vor allem ein **hartherziger Machtmensch**, der ohne moralische Bedenken die eigenen Interessen durchsetzt. Ihre Gewissenlosigkeit, ihr Mangel an einer inneren Bewertungsinstanz, wird ebenso offenbar wie ihre Gottlosigkeit, wenn

Elisabeths verantwortungslose Entscheidungsfindung

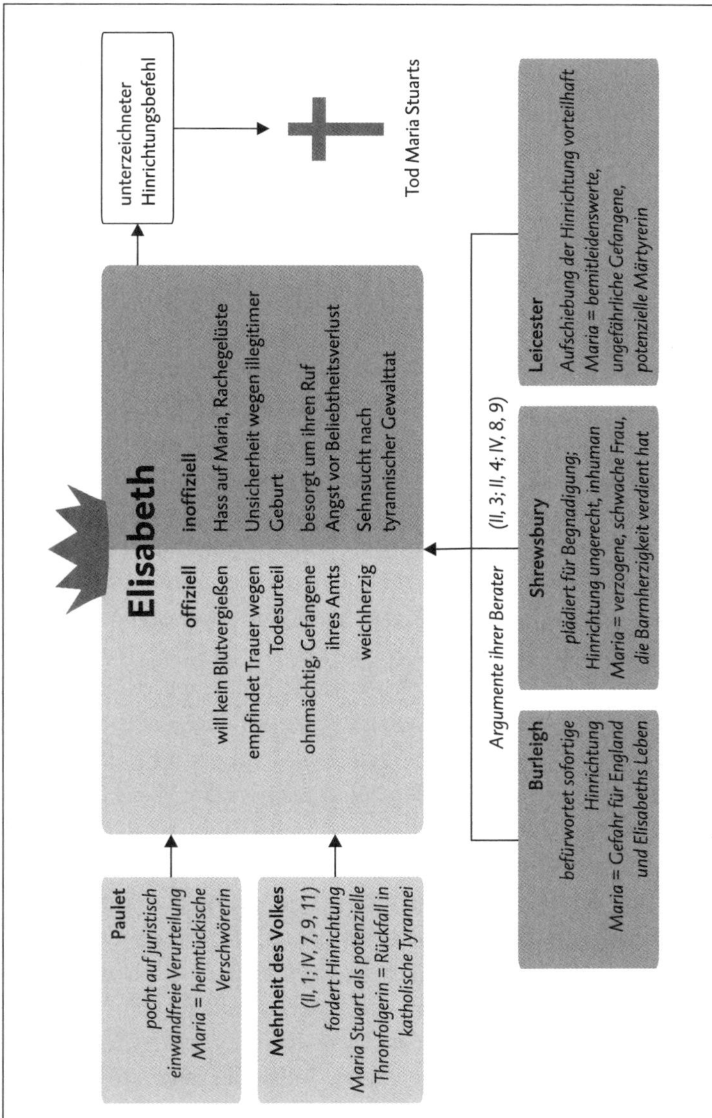

sie feststellt: „Was man *scheint*, / Hat jedermann zum Richter, was man *ist*, hat keinen." (V. 1 601 f.)

In **moralischer Hinsicht** endet Elisabeth als **Verliererin**. Sie versagt, weil sie nicht bereit ist, für ihre kriminellen Taten die Verantwortung zu übernehmen. Stattdessen bestraft sie alle, die in ihrem Sinne gehandelt haben (V, 15). Abschließend urteilt Shrewsbury vernichtend über sie: „Du hast von nun an / Nichts mehr zu fürchten, brauchst nichts mehr zu achten." (V. 4 030 f.) Damit wird prognostiziert, dass Elisabeth despotisch weiterregieren wird. Doch sie besitzt am Ende durchaus **respektheischende Würde**, als sie, verlassen von ihren Getreuen, „mit ruhiger Fassung" dasteht. Ebenso wenig wie Maria eine rein positive Figur abgibt, ist Elisabeth durchgängig negativ gezeichnet.

Mortimer

Paulets Neffe Mortimer ist ein junger Draufgänger, der über erhebliche **Verstellungskünste** verfügt. Endgültige Gewissheit darüber, dass er wirklich auf Maria Stuarts Seite steht, erlangt das Publikum erst in seinem Monolog (II, 6), als er seiner Verachtung für Elisabeth freien Lauf lässt: „Geh, falsche, gleisnerische Königin! / Wie du die Welt, so täusch ich dich." (V. 1 632 f.) Davor, im konspirativen Zwiegespräch mit der englischen Königin, hatte es noch beinahe den Anschein, als sei es ihm ernst mit seinem Versprechen, den Meuchelmord an Maria Stuart zu begehen: Souverän besänftigt er Elisabeths Misstrauen, als er sich ungerührt von ihr mustern lässt, sodass sie ihm „kecken Mut und seltne / Beherrschung Eurer selbst für Eure Jahre" (V. 1 572 f.) attestiert. Ebenso erfolgreich führt Mortimer seinen Onkel und Maria hinters Licht, denn seine Barschheit gegenüber Letzterer vermittelt den falschen Eindruck, er sei immun gegen ihre Reize: „Lady, an dem ist Eure Kunst verloren!" (V. 261), glaubt der keineswegs naive Paulet. Selbst der gewiefte Leicester ist unsicher, wie er Mortimer einschätzen soll: „Ich seh Euch zweierlei Gesichter zeigen / An diesem Hofe – [...] doch welches ist das wahre?“ (V. 1 703 ff.)

Kaum kennt Mortimer selbst seine Fehler und Schwächen. Deutlich wird dies, als er sich in seinem Monolog über Elisabeths **vermeintliche Fehleinschätzung** empört: „Seh ich aus wie ein Mörder? Lasest du / Ruchlose Fertigkeit auf meiner Stirn?“ (V. 1 635 f.) Wie unangebracht seine Entrüstung ist, zeigt sich wenig später, als er erregt bekräftigt, für die Befreiung Maria Stuarts über Leichen gehen zu wollen, sogar über die seines Oheims Paulet: „Von meinen Händen stirbt er. Ich ermord ihn.“ (V. 2 521) Woher rührt seine Verblendung? Wie rechtfertigt Mortimer solch blutgierige Skrupellosigkeit vor sich selbst?

Mit **fanatischem Eifer** hängt Mortimer der Überzeugung an, für eine gerechte Sache zu kämpfen; durch seine Konversion wurde er zum **Gotteskrieger**. Wie aus seinem schwärmerischen Bericht hervorgeht, ließ er sich bei einer Europareise in Rom vom Katholizismus geradezu überwältigen: Er empfand wohlige Gefühle der Verschmelzung beim Eintauchen in den „Strom der glaubenvollen Menge“ (V. 423), fühlte sich aufgenommen „in der Kirche Schoß“ (V. 486). Angesprochen hat ihn insbesondere die ungewohnte **sinnliche Pracht:** Angesichts der Innenausstattung einer Kirche preist er rückblickend, wie „der Gestalten Fülle / Verschwenderisch aus Wand und Decke quoll“ (V. 436 f.). Mortimers Empfänglichkeit für diese Üppigkeit resultiert aus seiner puritanischen, sittenstrengen Erziehung, die eine erotische, „unbezwingliche Begierde“ (V. 412) ungestillt ließ: „Es hasst die Kirche, die mich auferzog, / Der Sinne Reiz“ (V. 431 f.).

Unauflöslich verflochten mit Mortimers idealisierender Begeisterung für den Katholizismus sind **amouröse Motive**. Er ließ sich in Frankreich von extremistischen Unterstützern Maria Stuarts rekrutieren, um ihr „Märtyrtum“ (V. 516) zu beenden, weil ihn ihr Bildnis von „rührend wundersamem Reiz“ in seiner „tiefsten Seele“ (V. 504 f.) ergriff. Seine verwegene Rettungsmission ist von Anfang an **kein uneigennütziges Unterfangen**, sondern doppelt motiviert: als Glaubens- und als Liebesdienst.

Zu Beginn steht Ersteres noch im Vordergrund. Mortimer versteht sich in **größenwahnsinniger Selbstüberschätzung** als Werkzeug Gottes: Den Umstand, dass sein Onkel zum neuen Bewacher Marias bestellt wurde, interpretiert er als „Des Himmels wundervolle Rettungshand" (V. 539) und glaubt, dass ein „lauter Ruf des Schicksals [...] *meinen* Arm gewählt, Euch zu befreien." (V. 541 f.) Die Anzahl seiner Mitstreiter – „Zwölf edle Jünglinge des Landes sind / In meinem Bündnis" (V. 634 f.) – erinnert an die Apostel: Mortimer stilisiert sich demzufolge als Erlöser.

Der somit anklingende Wille zur **Selbstaufopferung** entfaltet im Verlauf des Stücks immer mehr sein **destruktives Potenzial**. Mortimers Mut wird zunehmend als Tollkühnheit, als Allmachtsfantasie erkennbar: Zunächst noch zur Kooperation mit Leicester bereit, will er schließlich aus Eifersucht mit niemandem die Rettung Maria Stuarts teilen: „Ich selber kann sie retten, ich allein, / Gefahr und Ruhm und auch der Preis sei mein!" (V. 1 660 f.) Leicester begreift er als Konkurrenten, den es auszuschalten gilt (vgl. V. 2 483 ff.). Der Zweck heiligt für ihn die Mittel – ein Indiz für Skrupellosigkeit: „Ich will dich retten, kost' es tausend Leben" (V. 2 546). Je aussichtsloser die Rettungsmission wird, desto unbedingter hält Mortimer an ihr fest, weil sich seine Verehrung für Maria Stuart zunehmend in **besitzergreifende sexuelle Raserei** verwandelt. Ist er zunächst respektvoll „von der Lust entzückt, Euch anzuschauen!" (V. 572), so nimmt er die Schottin schließlich nur noch als weiblichen Körper wahr, der bereits dem Jenseits geweiht ist: „Du hast nichts mehr von ird'scher Majestät, [...] Nichts blieb dir als die rührende Gestalt, / der hohen Schönheit göttliche Gewalt" (V. 2 568, V. 2 571 f.). In dem Wort „göttliche" klingt die Huldigung als anbetungswürdige Heilige nach, die Mortimer ihr früher zukommen ließ (V. 569, 1 648 f., 2 471 ff.).

„Ja glühend, wie sie hassen, lieb ich dich!" – Mortimers Entgleisung und Marias Angst. Nicholas Ofczarek und Corinna Kirchhoff am Burgtheater in Wien 2001

Dass Mortimer Maria Stuart schließlich zu vergewaltigen versucht, offenbart die latente Gewaltsamkeit seiner **patriarchalen Weltanschauung**. Frauen bewundert er wegen ihrer Schönheit, Männer, wenn sie „sicher, klar und männlich groß" (V. 464) sind wie der Kardinal von Guise – und wenn sie Frauen zu unterwerfen vermögen: Er empfiehlt Leicester, Elisabeth „Den Mann" zu zeigen, „als Gebieter" (V. 1 929) mit ihr zu sprechen. Genießerisch verbalisiert er, Maria Stuart bedrängend, sein sexuelles Dominanzgebaren: „Erzittern sollst du auch vor mir!" (V. 2 591)

Bei seiner Selbsttötung – dass Mortimer zugrunde gehen wird, deutet bereits sein Name an, in dem der Begriff Tod steckt – nutzt er die letzte Gelegenheit, sich als **vorbildlich tapfer** zu präsentieren: Er will „ein männlich Beispiel geben" (V. 2 818), indem er stirbt, ohne Leicester zu verraten, und seine Loyalität für Maria Stuart offenbart. Die Sinnlosigkeit seines Opfers lässt ihn umso bemitleidenswerter wirken.

Leicester

Als Günstling Elisabeths ist der Graf von Leicester gleichsam der **inoffizielle König**. Es ist ein offenes Geheimnis, dass Elisabeth ihm mehr zugeneigt ist als allen anderen Männern. Diese Gefühle erwidert Leicester aber nur zum Schein; von seiner Seite aus ist die Beziehung lediglich Ausdruck seiner dominantesten Charaktereigenschaft: seines **Egoismus**. Nur aus dem kaltherzigen Kalkül heraus, Elisabeth eines Tages heiraten und dadurch Ansehen und Macht erlangen zu können, schlug er einst Maria Stuart als Braut aus und wandte sich der englischen Königin zu, wie er Mortimer freimütig gesteht: „Mein Ehrgeiz war es, der mich gegen Jugend / Und Schönheit fühllos machte." (V. 1 770 f.) Auf die Tatsache, dass Elisabeth neuerdings plant, den französischen Königssohn zu ehelichen, reagiert Leicester verärgert, weil er sich um den wohlverdienten Preis seines jahrelangen opportunistischen Werbens gebracht sieht. Die **Rücksichtslosigkeit**, mit der er Vorteile für sich selbst zu erlangen sucht, manifestiert sich unter anderem in selbstmitleidigen Lästereien über Elisabeths Eifersucht und Eitelkeit (V. 1 779 ff.). Grenzenlos ist seine **Skrupellosigkeit:** Um sich selbst vom Verdacht der Illoyalität reinzuwaschen, liefert er Mortimer ans Messer, der ihn warnen wollte (V. 2 795 ff.).

Zur Durchsetzung seiner eigennützigen Interessen bedient sich Leicester seines rhetorischen Talents. Er versteht sich darauf, andere Menschen **mit Worten zu manipulieren**. Aus heiklen Situationen windet er sich **geistesgegenwärtig** durch verbales Hakenschlagen heraus: Kühn auf sein spezielles Vertrauensverhältnis zu Elisabeth pochend, gibt er vor, die Affäre mit Maria nur vorgetäuscht zu haben (IV, 7). Und abgefeimt kaschiert er sein Erschrecken, als Elisabeth ihn beinahe bei einer geheimen Zusammenkunft mit Mortimer ertappt, durch dick aufgetragene Komplimente: „Geblendet steh ich da von deiner Schönheit." (V. 1 950)

Leicester (Thomas Loibl) umschmeichelt Elisabeth (Juliane Köhler); Residenztheater München 2006

Durch seine Fähigkeit, vor Elisabeth eloquent sowohl seinen Mangel an Liebe zu ihr als auch seine emotionale Hinwendung zu Maria Stuart weitestgehend zu verbergen, erweist sich Leicester auch als **dreister Heuchler** und **schlauer Intrigant**. Ausgerechnet gegenüber jener Frau, mit der er nur wegen ihrer gesellschaftlichen Stellung anbändelte, schmückt er einen Liebesschwur so aus: „Wärst du die ärmste Hirtin, / Ich als der größte Fürst der Welt geboren, / Zu deinem Stand würd ich heruntersteigen“ (V. 1 964 ff.). Allerdings **verkalkuliert sich** Leicester, als er Elisabeth ein Treffen mit Maria einredet – darauf vertrauend, dass die Hinrichtung danach nicht mehr vollstreckt werden kann, weil die königliche Nähe üblicherweise Gnade bringt (V. 1 527, 1 904).

Leicesters Verhalten, nachdem Burleigh dessen gescheiterte List ansatzweise durchschaut hat, ist bezeichnend. Sofort tritt er den Rückzug an, statt eine neue Strategie zur Befreiung Maria Stuarts zu ersinnen, was sich in der Vergangenheitsform des Verbs niederschlägt: „dass zwischen mir und der Maria / Verständnisse gewesen“ (V. 2 744 f.). Ebenso wie in dieser flinken Distanzierung offenbart sich seine **Vorsicht** in dem Zögern, sich Mortimer zu offenbaren: „Geht mir voran im Zutraun, ich will folgen.“ (V. 1 723) Ängstlich ist er darauf bedacht, seine Stellung nicht zu gefährden: „Weh mir! / In welches Wagnis reißt Ihr mich hinein!“ (V. 1 849 f.), wehrt er Mortimers Bündnisangebot ab.

Trotz aller Falschheit, aller Deformierung durch die Politik ist auch Leicesters Charakter so angelegt, dass er punktuell Mitgefühl hervorruft. Offenbar ist der Graf nicht völlig gefühlskalt. Sein Ausruf „Was seh ich! Ach! Es ist / Ihr Bild!“ (V. 1 725 f.) und die nachfolgende Regieanweisung „Küsst es und betrachtet es mit stummem Entzücken“ belegen, dass Leicester tatsächlich in der Lage ist, **tiefe Zuneigung für Maria Stuart** zu empfinden – was ihn freilich nicht daran hindert, zum Befürworter ihrer Hinrichtung zu werden, um seinen eigenen Hals zu retten (V. 3 019 f.). Sein Zusammenbruch als Ohrenzeuge der Hinrichtung dokumentiert darüber hinaus für ihn ungewöhnliche **Schuldgefühle:** „Tut sich kein Schlund auf, das elendeste / Der Wesen zu verschlingen!“ (V. 3 841 f.) Ob seines schändlichen Verrats an Maria erwacht in ihm „die erstorbne Scham“ (V. 3 850), sodass er der Hinrichtung nicht ungerührt beizuwohnen vermag. Seine Gewissensbisse besitzen jedoch **keine nachhaltige Wirkung:** Er entzieht sich am Schluss des Stücks durch Flucht – ins feindliche Frankreich, wo Maria Stuarts Unterstützer sich aufhalten – einer möglichen Bestrafung wegen Hochverrat.

Burleigh

Offiziell das Amt eines Großschatzmeisters bekleidend, trägt der Baron von Burleigh am Hofe Elisabeths vor allem Sorge für die **innere Sicherheit** Englands. Als wichtigster Berater der Königin bildet das Wohl des Landes die Richtschnur seines Handelns: „Des Volkes Wohlfahrt ist die höchste Pflicht“ (V. 3 182).

Da Burleigh fest davon überzeugt ist, dass von Maria Stuart eine **große Gefahr für England** ausgeht – er mutmaßt einen Bürgerkrieg und Elisabeths Sturz –, verficht er vehement die Hinrichtung: „Sie darf nicht leben! Nimmermehr!“ (V. 1 027) Mit zwei Argumenten sucht er Elisabeth von der Notwendigkeit dieses Schritts zu überzeugen. Zum einen weist er wiederholt darauf hin, dass der Tod Maria Stuarts dem Wohl des Volkes entspricht: „*Ein* Opfer ist's, das alle Stimmen fodern" (V. 1 251); „Gehorche / Der Stimme des Volks, sie ist die Stimme Gottes" (V. 3 067 f.). Zum anderen übt Burleigh **Druck auf Elisabeth** aus, indem er ihr Angst einzujagen versucht: „Wenn wir nicht ewig / Für dein kostbares Leben zittern sollen, / So muss die Feindin untergehn!" (V. 1 258 ff.) Er spitzt den Konflikt zum **unausweichlichen Duell** zu und schärft Elisabeth ein: „Du musst den Streich erleiden oder führen. / Ihr Leben ist dein Tod! Ihr Tod dein Leben!" (V. 1 293 f.)

Notfalls ist Burleigh aber auch bereit, das Wohl des Landes **auf Kosten Elisabeths** durchzusetzen: „Hat Shrewsbury das Leben dir gerettet, / So will ich England retten – das ist mehr!" (V. 3 183 f.) Da er die Gründe für Elisabeths „Zweifelmut" (V. 981) richtig einschätzt, appelliert er eindringlich an sie, ihre selbstsüchtigen Vorbehalte hintanzustellen und den Hinrichtungsbefehl zu unterzeichnen (vgl. V. 3 170 ff.).

Ebenso wenig, wie ihn sein **zuverlässiger Instinkt** bei Elisabeth trügt, irrt Burleigh in der Einschätzung Aubespines und Leicesters: Ersteren enttarnt er als „Reichsverräter" (V. 2 673) und Letzteren durchschaut er, ohne ihm allerdings die Affäre mit Maria Stuart nachweisen zu können: „Dieser Mortimer starb Euch sehr gelegen." (V. 3 015) Burleighs **Wachsamkeit** scheint unermüdlich, auch wenn seine „tausend Augen" (V. 2 972) ihn nicht davor bewahren, Mortimer auf den Leim zu gehen.

Unablässig den „Staatsvorteil" (V. 2 045) im Blick habend, handelt Burleigh als Politiker **machiavellistisch**, das heißt, er legt keine ethischen Maßstäbe an, sondern agiert erfolgsorientiert, ist ausschließlich auf den **praktischen Nutzen** bedacht. Mit Mortimer hat er gemein, dass für ihn der Zweck die Mittel heiligt: Weil die rechtschaffene Sorge um sein Land für ihn über Moral und Gesetz steht, verfährt er ohne Skrupel **kriminell**. Zweifellos hat er mehrfach das **Recht gebeugt**, um Maria Stuart verurteilen zu können: unter anderem eigens ein fragwürdiges

Gesetz erlassen und ihr die Gegenüberstellung mit den Belastungszeugen verweigert. Insofern mutet es **zynisch** an, wenn Burleigh behauptet, Maria genieße in England „den Schutz, / Die Wohltat des Gesetzes“ (V. 719 f.). Wie die Schottin klar erkennt, erachtet Burleigh es als legitim, ihr auf illegale Weise beizukommen: „Misstraut Euch, edler Lord, dass nicht der Nutzen / Des Staats Euch als Gerechtigkeit erscheine.“ (V. 797 f.) Sein größtes Verbrechen begeht Burleigh, als er Paulet **zum Giftmord anzustiften** versucht.

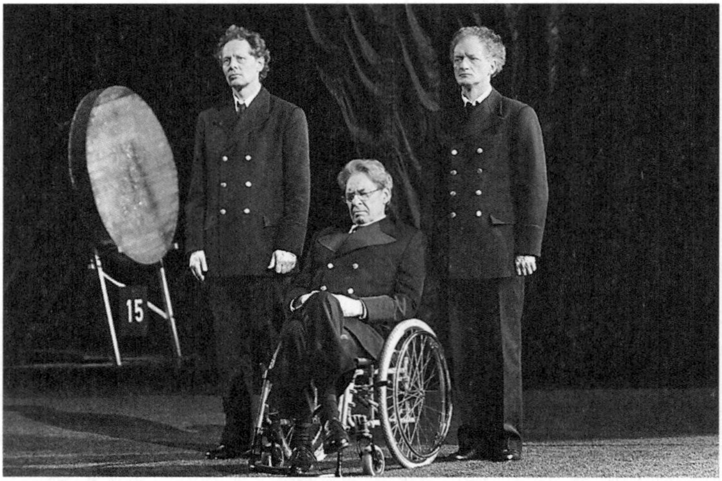

Elisabeths Helfer (v. l. n. r.): Marias Hüter Paulet (Thomas Bading), Großschatzmeister Baron von Burleigh (Ezard Haußmann) und Staatssekretär Davison (Falk Rockstroh); Inszenierung an der Schaubühne Berlin 2006, Regie: Luk Perceval

Der Vorwurf der Eigennützigkeit ist Burleigh nicht zu machen: Zu Recht gilt er als **unbestechlich** (V. 793), denn bei all seinem verwerflichen Tun hat er nicht den eigenen Vorteil im Blick. Zwar verschaffen ihm seine Fahndungserfolge in der aktuellen Bedrohungslage einen **Machtzuwachs** – Leicester verspottet ihn als „der allwicht'ge Mann, der Atlas / Des Staats“ (V. 2 710 f.) –, doch für Burleigh scheint dies lediglich ein willkommener Nebeneffekt. Wäre er egoistisch, hätte er nicht beim Vorantreiben der Hinrichtung seine Stellung riskiert: Er entreißt Davison den Befehl und versucht später nicht, sich vor Elisabeth auf Kosten des Staatssekretärs für diese **Eigenmächtigkeit** zu entlasten. Seine Verbannung, die seiner Karriere einen schweren Schlag versetzt, akzeptiert er wortlos; in der Sache hat er gewonnen.

Shrewsbury

In seiner Rolle als Lordsiegelbewahrer und ältestes Mitglied des englischen Staatsrats ist der Graf von Shrewsbury die integerste Figur des Stücks. Er agiert **in moralischer Hinsicht vorbildlich**, da er sich weder auf die Seite Elisabeths noch Marias ziehen lässt. Von beiden Königinnen wegen seines Edelmuts geschätzt, versucht er zwischen ihnen zu vermitteln, indem er der mächtigen Elisabeth zur Begnadigung und ihrer verbitterten Widersacherin Maria als deren ehemaliger Bewacher zu demütiger Gelassenheit rät. Seine Versuche, den Konflikt zu entschärfen, entspringen einer grundsätzlichen Werthaltung der **Humanität:** „Es bringt / Nicht gute Frucht, wenn Hass dem Hass begegnet." (V. 2 189 f.) Diese Einstellung ist verknüpft mit einem Befürworten von **Barmherzigkeit:** Er bittet Elisabeth, „Der eignen Milde" (V. 1 342) getrost zu folgen, und unterstellt ihr wegen ihrer Zugehörigkeit zum weiblichen Geschlecht ein weiches Herz (V. 1 343). Shrewsburys Politik der Besänftigung trägt vor allem beim Volk Früchte, sodass er einen Aufruhr zu beenden vermag (V. 3 255 ff.).

Es wäre jedoch verfehlt, Shrewsbury wegen seiner philanthropischen Gesinnung für nachsichtig zu halten: Wenn es um hehre Prinzipien geht, ist er streng. Rigoros repräsentiert Shrewsbury in der Art, wie er Elisabeth von der Hinrichtung abrät, eine der geltenden Rechtsprechung übergeordnete **Gerechtigkeit:** „Nicht Stimmenmehrheit ist des Rechtes Probe, / England ist nicht die Welt, dein Parlament / Nicht der Verein der menschlichen Geschlechter." (V. 1 323 ff.) Damit vertritt er eine überzeitliche, Ländergrenzen überschreitende **universale Ethik**.

Shrewsbury versucht seinen Einfluss auf Elisabeth auch insofern geltend zu machen, als er ihre **Willensfreiheit** hervorhebt und sie so vermeintlicher Sachzwänge beraubt: „Sag nicht, du müssest der Notwendigkeit / Gehorchen und dem Dringen deines Volks. / Sobald du willst, in jedem Augenblick / Kannst du erproben, dass dein Wille frei ist." (V. 1 330 ff.) Und später, als Elisabeth sich anschickt, den Hinrichtungsbefehl zu unterzeichnen, setzt er nach, damit sie die **Verantwortung** für ihr Handeln übernimmt: „Wer kann dich zwingen? Du bist Herrscherin, / Hier gilt es deine Majestät zu zeigen!" (V. 3 083 f.) Mit diesen Einlassungen erweist sich Shrewsbury als Vertreter eines modernen, Autonomie voraussetzenden Subjektverständnisses.

Shrewsburys Prinzipientreue wird durch sein Alter als **Weisheit** geadelt. Er kokettiert damit, um seine Vertrauenswürdigkeit zu betonen, als er darum bittet, dass es ihm – „Dem alten Manne, den am Grabesrand / Kein irdisch Hoffen mehr verführen kann" (V. 1 354 f.) – vergönnt sein möge, für Maria Partei zu ergreifen. Dass er sich kurz darauf in eine erotisch gefärbte Schwärmerei für die Schottin hineinsteigert (V. 1 395 ff.), widerlegt seine Behauptung auf sympathische Weise, lässt aber keinen Zweifel an seiner Ehrbarkeit aufkommen.

Vielmehr ist es Ausdruck von Shrewsburys Ehrbarkeit, dass seine **Loyalität nicht unerschütterlich** ist, wenn sie in Konflikt mit höheren ethischen Werten gerät: Er rettet Elisabeth zwar tatkräftig das Leben, tritt aber am Schluss des Stücks, nachdem er erkannt hat, dass sie scheinheilig ihre Getreuen bestraft, von seinem Posten zurück. Seine Abschiedsworte fällen ein vernichtendes Urteil: „Ich habe deinen edlern Teil / Nicht retten können." (V. 4 028 f.) Gemäß dieser Feststellung ist Elisabeth unwiderruflich zur Tyrannin geworden.

3 Motive und zentrale Aspekte

Die schöne Seele und das Erhabene

Für die Interpretation von *Maria Stuart* ist es lohnend, sich mit zwei philosophischen Konzepten Schillers zu befassen, die eine zentrale Stellung innerhalb seiner ästhetischen Theorie einnehmen: schöne Seele und Erhabenheit. Obwohl die Anlage Maria Stuarts stark von beidem geprägt ist, wäre es unangemessen, diese Figur oder gar das gesamte Stück lediglich als Umsetzung einer bestimmten Ästhetiktheorie zu lesen; dies käme einer Reduktion des interpretationsbedürftigen Sinngehalts gleich.

Eine **schöne Seele** zeichnet sich bei Schiller durch einen speziellen Einklang von Sinnlichkeit und Vernunft, Pflicht und Neigung aus. Ein Mensch mit einer schönen Seele hat seinen Trieb so verfeinert, dass sein Charakter von einer **instinktiven Moralität** geprägt ist: Das sittliche Gefühl dürfe „dem Affekt die Leitung des Willens ohne Scheu überlassen" und laufe nie Gefahr, „mit den Entscheidungen desselben im Widerspruch zu stehen"[6]. Eine solche Person stellt man sich ausgeglichen und sanftmütig vor.

Im Konzept der schönen Seele kommt Schillers **Menschenbild** deutlich zum Ausdruck: Er begreift das Individuum in Abgrenzung von Kant nicht als dualistisches, sondern als gemischtes Wesen: bestehend aus Gefühl und Verstand, Körper und Geist. Aus dieser Doppelnatur erwachse die Aufgabe, beides in **harmonische Übereinstimmung** zu bringen – selbst wenn der Mensch dies „bei aller Anstrengung nie ganz erreichen kann"[7].

Bei Schillers Konzept der **Erhabenheit** geht diese Harmonievorstellung verloren zugunsten einer **Unterwerfung des Sinnlichen**. Während es eine Charaktereigenschaft darstellt, eine schöne Seele zu besitzen, meint Erhabenheit bei Schiller bewusstes Handeln angesichts einer äußeren Zwangslage – deren extremste Form eine Bedrohung durch den Tod darstellt, und zwar in einer Situation, in der physische Gegenwehr zwecklos wäre. In Anlehnung an Kant fasst Schiller Erhabenheit auf als geistige Überwindung von sinnlicher Natur: Mit einer **Willensanstrengung** gelte es, sich über das eigene Leiden zu erheben und so innere, moralische Freiheit zu erlangen. Statt aufzubegehren oder einfach zu resignieren und sich tapfer ins Unvermeidliche zu schicken, bedeutet Erhabenheit für Schiller: eine Gewalt, die man „der Tat nach erleiden muß, dem Begriff nach zu vernichten", das heißt, „sich derselben freiwillig unterwerfen"[8]. Aufschlussreich ist die Formulierung „dem Begriff nach zu vernichten": Es geht darum, das Aufgezwungene so radikal umzudeuten, dass es mit einem neuen Sinn gefüllt und akzeptiert werden kann. In dem Verb „vernichten" spiegelt sich die damit einhergehende Selbstzerstörung wider, die Schiller ausblendete. Denn der Preis für Erhabenheit ist hoch: Die Überlegenheit des Menschen als moralisches Wesen, sein Entwurf als autonomes Subjekt lassen sich nur durch die **Leugnung von Kreatürlichkeit**, die Unterdrückung des natürlichen Überlebenswillens aufrechterhalten.

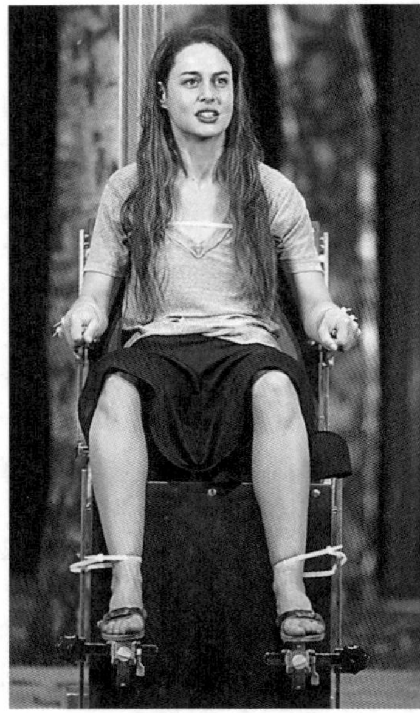

Die gefesselte Maria (Susanne Wolff) erwartet die Vollstreckung des Todesurteils. Aufführung am Thalia Theater in Hamburg 2007

Nicht zufällig regiert bei der schönen Seele der Affekt und bei der erhabenen Gesinnung der Wille. In dieser Gegenüberstellung klingt bereits eine geschlechtsspezifische Aufladung der

Dichotomien Körper/Geist beziehungsweise Natur/Kultur an, wie sie von der zeitgenössischen bürgerlichen **Geschlechterphilosophie**, propagiert von Kant und Wilhelm von Humboldt, vorgenommen wird. In Schillers Ausführungen zum Begriffspaar **Anmut und Würde** wird offenkundig, dass er dazu tendiert, den Frauen eine schöne Seele und den Männern Erhabenheit zuzuweisen. „So wie die Anmut der Ausdruck einer schönen Seele ist, so ist Würde der Ausdruck einer erhabenen Gesinnung.“[9] Diese neutrale Definition erläuternd, behauptet Schiller, dass die Frau **von Natur aus** die größere Veranlagung zur Anmut besitze: durch ihren zarten Körperbau und die Harmonie ihrer flüchtigeren Gefühle. Da die Sittlichkeit der schönen Seele einer Neigung entspricht, stellt sie für Schiller keine besondere moralische Leistung dar: „Selten wird sich der weibliche Charakter zu der höchsten Idee sittlicher Reinheit erheben“[10]. Hier kommt ein komplementäres (sich gegenseitig ergänzendes) Geschlechterverhältnis zum Tragen, welches Männern mehr Entwicklungschancen einräumt.

Obwohl **Maria Stuart** eine Frau ist, spricht einiges dagegen, sie als schöne Seele wahrzunehmen. Bis zuletzt legt sie **keine anmutige Milde** und Ausgeglichenheit, sondern Impulsivität an den Tag. Zudem stilisiert sie sich als moralische Siegerin: „den Menschen adelt, / Den tiefstgesunkenen, das letzte Schicksal“ (V. 3 491 f.), kommentiert sie selbstgefällig ihre Situation. Schiller stellt hingegen fest, dass eine schöne Seele „niemals um die Schönheit ihres Handelns“[11] wisse.

Weitaus stärker ist Maria Stuart von Schillers Konzept der Erhabenheit geprägt: Eine entsprechende Gesinnung zeigt die Schottin, wenn sie die **Aufopferung ihres Lebens** als sittlich notwendig anerkennt, sie als Buße für die Ermordung ihres Gatten begreift. Im Stück wird ihre plötzliche, unwiderrufliche Akzeptanz der Hinrichtung von Kennedy als heroische Stärke bewundert: „Man löst sich nicht allmählich von dem Leben! /

Mit *einem* Mal, schnell augenblicklich muss / Der Tausch geschehen“ (V. 3 402 ff.). Bezeichnenderweise hat Schiller in ganz ähnlichen Worten jenen Ruck beschrieben, mit dem das Erhabene den Sieg über die Triebe erringe: „Nicht allmählich [...], sondern plötzlich und durch eine Erschütterung“ [12] risse es den Geist von der Sinnlichkeit los. – Gegen eine Erhabenheit Maria Stuarts spricht, dass sie bis zuletzt **triebhaften Anfechtungen erliegt**, etwa wenn sie mit Burleigh darüber streitet, ob Kennedy sie auf das Schafott begleiten darf. Diese Aspekte scheinen einem **psychologischen Realismus** der Figur geschuldet, was illustriert, dass Schillers Konzept der Erhabenheit am konkreten Menschsein vorbeigeht.

Wie ist es zu bewerten, dass in *Maria Stuart* eine weibliche Protagonistin die männlich konnotierte Schiller’sche Erhabenheit erlangt? Zum einen sind Schillers literarische Texte in ideologischer Hinsicht offener als seine theoretischen. Was keine Besonderheit darstellt, denn im Unterschied zu einem Sachtext, der auf Konsistenz (Widerspruchslosigkeit) abhebt, macht **Ambiguität** (Mehrdeutigkeit) gerade den Reiz von Kunst aus. Zum anderen **verabsolutiert** der Dichter aber auch in seinen theoretischen Schriften **keineswegs die Geschlechterkomplementarität** von schöner Seele und Erhabenheit: Vielmehr weist er darauf hin, dass ein und dieselbe Person eine schöne und eine erhabene Seele haben kann. Angesichts einer Extremsituation bliebe der schönen Seele nichts anderes übrig, als sich in eine erhabene zu verwandeln, und das sei zugleich „der untrügliche Probierstein, wodurch man sie von dem guten Herzen oder der Temperamentstugend unterscheiden kann“[13]. Ist die schöne Seele eine Vorstufe zur Erhabenheit? Im Stück wird Maria Stuarts Entwicklung weniger eindeutig dargestellt (vgl. *Interpretationshilfe,* S. 50 ff.); ohnehin geht der Charakter dieser Figur nicht in Theoriekonzepten auf.

Schein oder Sein

Auffällig oft wird in Schillers Drama die **Kluft zwischen Schein und Sein** erörtert. Maria beispielsweise attackiert Elisabeth indirekt mit einer entsprechenden Formulierung als Heuchlerin: „Und was sie *ist*, das wage sie zu scheinen!" (V. 974) Während die Schottin darauf besteht, besser als ihr **Ruf** zu sein, da die Welt das „Ärgste" (V. 2 425) von ihr wisse, fürchtet die englische Regentin um ihren guten Ruf: „Ich [...] kann den Schein nicht retten. / Das ist das Schlimmste!" (V. 1 597 ff.) Und Leicester bittet doppelzüngig darum, „nicht nach dem Schein gerichtet" (V. 2 926) zu werden.

So, wie der Begriff „Schein" in *Maria Stuart* verwendet wird, fällt er weitgehend in eins mit der **öffentlichen Meinung**. Denn die Figuren agieren als Angehörige des Hofes unter den Augen des Volkes, dem das Bild einer tadellosen Regierung vermittelt werden soll. Den Beteiligten ist bewusst, dass die öffentliche Meinung zwar **manipulierbar** ist, aber auch Eigendynamik besitzt. Paulet spricht in diesem Zusammenhang von „gehässigen Gerüchten" (V. 998) und gesteht dem Volk zugleich Eigenständigkeit zu: „Man kann den Menschen nicht verwehren, / Zu denken, was sie wollen." (V. 1 009 f.) Elisabeth hingegen beklagt mangelnde Fairness: Sie müsse um „das Lob / Der Menge buhlen" (V. 3 194 f.), die **wankelmütig** sei (V. 3 260).

Doch es ist nicht allein die Öffentlichkeit, der die Figuren etwas vorzumachen suchen: **Intrigen und Komplotte** sind im höfischen Milieu des Stücks – von Paulet treffend als „schlüpfrig glatter Grund" (V. 1 664) bezeichnet – an der Tagesordnung. Mit Täuschungsmanövern suchen die Handelnden, sich persönliche Vorteile zu verschaffen oder eigene politische Interessen durchzusetzen. **Wahrheit und Lüge** sind für das Publikum mitunter kaum zu unterscheiden. Hinter den Masken der Figuren – der Begriff „Larve" taucht mehrfach auf (V. 395, 1 996, 2 420) – lassen sich nur schwer klare Identitätsumrisse und Handlungsmotive ausmachen, zumal die ausschmückende Redeweise verdunkelnd wirkt: Wer wie Davison ein Neuling bei Hofe ist, kommt mit der „Sprache/ Der Höfe und der Könige" (V. 3 315 f.) nicht zurecht. Die höfische Sphäre wird als **Hort der Unmoral** gegeißelt – was auch auf den zu Schillers Lebzeiten bestehenden **Absolutismus** zielt. Implizit entwirft der Text eine humane Gegenwelt, verkörpert vor allem von Shrewsbury.

Elisabeth (Antonia Reidel) mit ihrem Günstling Graf von Leicester (Marius Hubel, re.) und dem unglücklichen Staatssekretär Davison (Tobias Ulrich, li.). Aufführung am Landestheater Niederbayern 2009

Die dem Stück innewohnende Kritik am Verbergen von Gefühlen kann auch als zeitdiagnostische Stellungnahme Schillers verstanden werden: Die **gesellschaftliche Modernisierung**, deren Zeuge der Dichter war, ging einher mit einer sprunghaft zunehmenden Verlagerung äußerer Zwänge ins Innere des Menschen, einer voranschreitenden zivilisatorischen **Selbstkontrolle**.[14] Im Gegenzug erscheinen **Misstrauen** und Skepsis notwendig, um die Absichten des Gegenübers möglichst zutreffend zu erkennen. Bezeichnenderweise sind im Stück jene Personen am misstrauischsten, die am skrupellosesten andere hinters Licht führen, nämlich Elisabeth und Leicester. Ihr Verhalten ließe sich als **Projektion** bezeichnen: als Übertragung eigener innerer Regungen auf andere. Leicesters Argwohn etwa erreicht absurde Ausmaße, als er mit Mortimer darum ringt, wer zuerst Farbe bekennt (II, 8), eben weil er selbst jemand ist, der vor tödlichem Verrat nicht zurückschreckt.

Freiheit als Selbstermächtigung

Ein wichtiges Leitmotiv in Schillers Drama bildet der Gegensatz von Freiheit und Gefangenschaft, der **eine physische und eine psychische Ebene** aufweist. Beide sind aufs Engste miteinander verknüpft in einer vom Text aufgeworfenen ganz grundsätzlichen Frage: Inwiefern ist der Mensch – angesichts äußerer Grenzen durch seine Umwelt und innerer Beschränkungen durch seine Gefühlswelt – in seinen **Entscheidungen und Handlungen** frei?

Paradoxerweise agiert die inhaftierte Titelheldin eigenständiger als ihre Widersacherin, die, ausgestattet mit enormer Machtfülle, an der Spitze Englands steht. Maria Stuart ist in körperlicher Hinsicht zwar eine Gefangene, aber **keineswegs ohnmächtig**. Sie gibt selbst zu, dass sie zu ihrer Befreiung „alle Staaten dieses Weltteils / Zu meinem Schutz aufrühre" (V. 948 f.). Dass die Schottin nicht passiv ihre Opferrolle erduldet, zeigt sich auch in ihrem Vorstoß, ein Treffen mit Elisabeth herbeizuführen.

Im Verlauf des Stücks verändert sich jedoch Maria Stuarts Freiheitsvorstellung: von einer **physischen** über eine **seelische** hin zu einer **transzendentalen** (übersinnlichen). Beim Parkspaziergang klingt die Umdeutung in innere Freiheit an, als sie sich für ein bescheidenes Glück begeistert, das sie als Vorgeschmack auf ihre physische Freiheit empfindet: „Lass mich der neuen Freiheit genießen" (V. 2 075), jubiliert Maria Stuart im Beisein ihrer Amme, obwohl sie sich noch immer innerhalb von Mauern befindet. Bereits in dieser Szene kündigt sich auch – hier noch als Kontrast zu einer möglichen Rettung – die „ew'ge Freiheit" (V. 2 133) an, also die jenseitige nach dem Tod. Und gen Ende des Stücks zeigt Maria gegenüber ihren Bedienten gar Vorfreude auf ihre Hinrichtung, weil diese ihr die Tür zum Himmel öffne „und die frohe Seele sich [...] schwingt zur ew'gen Freiheit." (V. 3 483 f.)

Redet sich Maria Stuart hier nur das Unvermeidliche schön? Oder wird im Stück der **Tod als ultimative Freiheit** propagiert? Einerseits wird Marias Gang zum Schafott als vorbildlich würdevoll zelebriert. Andererseits scheint der Tod nicht die Hauptsache, ist doch die schottische Königin bereits zuvor, angesichts der Unausweichlichkeit der Hinrichtung, als Mensch gereift: Es wird als **innere Freiheit** dargestellt, dass sie ihr Sterben als angemessene Buße begreift (V. 3 735 f.). Mortimer dagegen erfährt lediglich den Moment des Todes als Freiheit; nun muss er sich nicht mehr verstellen: „Und frei im letzten Augenblicke soll / Mein Herz sich öffnen, meine Zunge lösen!" (V. 2 809 f.)

Gemäß der oben praktizierten Lesart entspricht Freiheit in Schillers Trauerspiel vorrangig einer diesseitigen, inneren Haltung der **Selbstermächtigung**: der Fähigkeit, sich selbst als Individuum zu entwerfen, das auf seine Umwelt aktiv einzuwirken vermag. Insbesondere in Bezug auf Elisabeth ist des Öfteren von einer solchen **Willensfreiheit** die Rede (V. 665, V. 1 333, 3 086), von der die Monarchin allerdings aus Feigheit kaum Gebrauch macht: Sie stilisiert sich vielmehr zum Objekt vielfältiger Zwänge (vgl. *Interpretationshilfe,* S. 60). Und die Freiheit, die sie ersehnt, kommt der Tyrannei gleich, weil sie die Unabhängigkeit von moralischen Normen meint (IV, 10). Elisabeths Günstling Leicester hat ein ähnlich fragwürdiges Verständnis von Freiheit: Sein Bekenntnis „Doch frei ist mein Gewissen" (V. 2 932) zeigt, dass dieses keinerlei verinnerlichten

Normen untersteht und daher als Kontrollinstanz versagen muss. Auch anhand der Figur des Staatssekretärs Davison wird vorgeführt, dass Mut dazugehört, um die Willensfreiheit als **Erweiterung des eigenen Handlungsspielraums** anzunehmen: Davison fleht Elisabeth zunächst an, ihr „blindes Werkzeug willenlos zu sein" (V. 3 296), weil er lieber einem Befehl Gehorsam zollt, als sich die Last einer Entscheidung aufzubürden, welche die Königin auf ihn abwälzen will; doch am Ende wagt er es aufzubegehren: „Nicht mich erwähle, dir in diesem furchtbaren / Geschäft zu dienen." (V. 3 323 f.)

Ebenso wie das Drama vermeintliche Sachzwänge entlarvt, verdeutlicht es, wie stark Menschen durch Erziehung, Gesellschaft und Triebe eingeschränkt sind; Willensfreiheit wird folglich **nicht verabsolutiert**. Dem Eindruck, als könnte sich das einzelne Individuum mittels Willensanstrengung über alle Gegebenheiten hinwegsetzen, wird auch insofern entgegengewirkt, als viele Pläne der Handelnden an der Komplexität der Verhältnisse scheitern.

In der Konzeption von Freiheit als Willensfreiheit ist das Drama geprägt vom Geist der **Aufklärung** und der Philosophie Immanuel Kants (1724–1804). Zentral für diese Epoche ist die Vorstellung von der **Autonomie des Subjekts:** der allgemeinmenschlichen Fähigkeit, sich selbst die Gesetze seiner Existenz zu geben und ein selbstbestimmtes Leben zu führen. Damit tritt das Individuum – zumindest konzeptionell – sowohl aus der göttlichen Schöpfungsordnung als auch aus der hierarchischen Ständeordnung des Mittelalters heraus. Unter dem Einfluss der gesellschaftlichen Entwicklungen formuliert Schiller in einem seiner philosophischen Aufsätze den Satz „Alle andere Dinge müssen; der Mensch ist das Wesen, welches will"[15]. Der Dichter setzt die Sittlichkeit über die Sinnlichkeit, den Verstand über das Gefühl, wenn er postuliert: „Der moralisch gebildete Mensch, und nur dieser, ist ganz frei."[16] Als Inbegriff einer solchen Charakterstärke fungiert für Schiller Erhabenheit (vgl. *Interpretationshilfe,* S. 73 ff.).

Während der Begriff Freiheit in *Maria Stuart* auf der individuellen Ebene oft zum Thema wird, findet er auf der kollektiven nur einmal Erwähnung: als Burleigh mahnend davon spricht, dass Elisabeth ihrem „Volk / Der Freiheit köstliches Geschenk" (V. 1 255 f.) erhalten solle. Ohnehin wird das Volk lediglich als tendenziell wütende, demokratieunfähige Masse beschrieben. Dies ist kein Zufall: Zur Entstehungszeit des Stücks hatte sich Schiller bereits abgewandt von einem **politischen Freiheitsverständnis**. Die Gewaltexzesse der Französischen Revolution begründeten seine Überzeugung, dass es zunächst, vor einer Abschaffung des Absolutismus, die sittliche Unzulänglichkeit des Einzelnen zu beseitigen gelte.

Geschlecht und Politik

In Schillers Drama *Maria Stuart* gibt es bemerkenswert viele Textpassagen, in denen **pauschalisierende** Aussagen über Frauen getroffen werden – deutlich häufiger, als dies in Bezug auf Männer der Fall ist. Dieses Ungleichgewicht ist ein gängiger Effekt der traditionell männerdominierten Textproduktion: Über die Jahrhunderte äußerten sich weitaus mehr renommierte männliche Autoren, seien es Philosophen, Wissenschaftler oder Dichter, über das – aus ihrer Sicht – **andersartige Geschlecht**, sodass eine Fülle theoretischer und literarischer **Weiblichkeitsbestimmungen** entstand. In dem Glauben, von einem neutralen Standpunkt aus zu sprechen, bleiben die Autoren meist blind für einfließende männliche Parameter. Im 18. Jahrhundert wurden Frauen durch solche Redeweisen aus der Definition des modernen Menschen ausgeschlossen: Nicht zufällig lautet der dritte Teil der Losung zur Französischen Revolution „Brüderlichkeit" (fraternité). Schillers Drama enthält viele explizite Statements hinsichtlich weiblicher Wesenhaftigkeit, sodass die

Handlungsweise der Frauenfiguren als **typisch für ihr Geschlecht** entworfen wird. Höchst selten wird hingegen Männlichkeit allgemein definiert: Elisabeth klagt beispielsweise, alle Männer seien „Lüstlinge" (V. 1 988).

Frauen wird durch das Stück die **Unfähigkeit zum Regieren** zugeschrieben: Maria verspielt den schottischen Thron durch ihre anstößige Eheschließung mit dem Mörder ihres Gatten, und Elisabeth übertritt durch den Justizmord an ihrer Rivalin die Schwelle zur Unmoral. Die antithetische Anlage der beiden Regentinnenfiguren evoziert die Vorstellung, dass **Weiblichkeit und Machtausübung** einander ausschließen: Maria hat ihre Weiblichkeit ausgelebt und deshalb als Monarchin versagt, während umgekehrt Elisabeth ihre Weiblichkeit unterdrücken muss, um gut regieren zu können – „wie ein Mann und wie ein König" (V. 1 171). Letztere hadert explizit damit, dass ihr Amt sie gehindert habe, sexuelle „Ansprüche" (V. 1 982) zu erheben, wohingegen Maria „sich nur befliss, ein Weib zu sein" (V. 1 986).

Elisabeth (Judith Keller) demonstriert ihre Macht gegenüber Leicester (Burkhard Wolf). Inszenierung am Tiroler Landestheater 2009

Bei genauerer Überlegung zeigt sich: Das Argument eines unvermeidlichen Rollenkonflikts trägt nur, wenn Weiblichkeit **mit** Emotionalität und **Triebhaftigkeit gleichgesetzt** wird – was einem Geschlechterbild des 18. Jahrhunderts entspricht, der Frauen auf einen natürlichen und damit unveränderlichen Geschlechtscharakter festlegt und sie gleichzeitig in den Rollen von Gattinnen und Müttern den in der öffentlichen Sphäre agierenden, berufstätigen Männern unterordnet. Im Stück bezeichnet Elisabeth dieses asymmetrische Geschlechterverhältnis als „Ordnung der Natur“ (V. 1 173). Auch die weiblichen Nebenfiguren des Stücks – Marias Amme Kennedy und ihre Kammerfrauen – verkörpern Emotionalität: Sie bringen ihrer Herrin große Zuneigung entgegen.

Die in der Überzahl vorhandenen **Männerfiguren** des Stücks durchleiden dagegen keinen Rollenkonflikt zwischen ihrem geschlechtlichen Dasein und ihrem Amt. Wir nehmen sie vor allem deshalb nicht als typische Vertreter des männlichen Geschlechts wahr, weil sie von sich selbst so gut wie nie als Männer sprechen, während Elisabeth und Maria mehrfach ihre Redeposition weiblich markieren (V. 174 f., 764, 1 170, 1 207 f., 1 970, 2 824, 3 221, 3 802, 3 805).

Schillers Drama *Maria Stuart* bleibt nicht dabei stehen, die Unterordnung der Frauen und die Dominanz der Männer vor historischer Kulisse zu verteidigen, sondern es **dekonstruiert** diese bürgerliche Geschlechtervorstellung zugleich – das heißt, es zerlegt sie in ihre Bestandteile und macht sie so der Kritik zugänglich. Der Text etabliert nämlich ein Spannungsverhältnis zwischen seinem **Frauenbild** und dem **Verhalten** der Frauenfiguren: Mit ihrem Eintritt in die Männerdomäne der Politik brechen Elisabeth und Maria mit **patriarchalen Rollenerwartungen**. Und das Scheitern der Königinnen wird nicht allein ihrem Geschlecht angelastet, sondern auch den patriarchalen Verhältnissen. Wie Burleigh konstatiert, wird mit zweierlei Maß gemessen: „Das Richterschwert, womit der Mann sich ziert, / Verhasst ist's in der Frauen Hand." (V. 1 018 f.) Deutlich wird, in welchem Dilemma sich Frauen – bis heute – befinden, wenn sie eine Machtposition bekleiden: Agieren sie zurückhaltend, wirken sie inkompetent, treten sie selbstbewusst auf, gelten sie als machtgierig und gefühlskalt.

Es lassen sich zahlreiche weitere Beispiele dafür finden, wie das Stück einerseits Geschlechterklischees artikuliert und sie andererseits unterläuft. Das ins Spiel gebrachte **Klischee** der „Weiberlist" (V. 5) etwa wird dadurch **konterkariert**, dass die Männerfiguren, allen voran Leicester und Mortimer, den Frauenfiguren in puncto Intriganz in nichts nachstehen. Und das Gegensatzpaar **weibliche Schwäche** versus **männliche Stärke** büßt ebenfalls an Glaubwürdigkeit ein: Mit der Bestimmung der Frau als gebrechlich, weichherzig und empfindlich (V. 1 343 f., 1 373, 3 807 f.) kontrastiert unter anderem die **Gefasstheit** Kennedys und Maria Stuarts auf dem Weg zum Schafott sowie der erwähnte tyrannische Regierungsstil der spanischen Maria (V. 3 205 f.). Die Einschätzung Leicesters, dass Elisabeth ein „Frauenreich" (V. 1 934) ohne „Heldengeist" (V. 1 935) etabliert habe, mutet zwar übertrieben an, zeigt aber deutlich die **Zerbrechlichkeit männlicher Dominanz**. Weiblichkeit und Männlichkeit werden als einander bedingende gesellschaftliche Konstrukte wahrnehmbar. Die Politik erscheint als traditionell männliche Domäne, in der Frauen die angeblich natürliche Rollenverteilung ins Wanken bringen können.

Jenseits einer geschlechtlichen Zuordenbarkeit erscheint das Politische als **Sphäre schändlicher Machenschaften**. Im Mittelpunkt der im Drama auffindbaren Herrschaftskritik steht die **Rechtsbeugung:** Das Gericht ist obrigkeitshörig, der angeklagten Schottin wurden Verteidigung und Gegenüberstellung vorenthalten, es wurde eigens ein Gesetz gegen sie erlassen, das den

Begriff der Schuld in problematischer Weise auf die Taten anderer ausdehnt (I, 7). Die angewandten juristischen Mittel kaschieren Machtmissbrauch und Gewalt. Es ist bezeichnend, dass das Wort „Blut“ oder „blutig“ extrem häufig im Text vorkommt.

Die hier gegeißelte tyrannische Machtpolitik lässt sich auf den Begriff **Machiavellismus** bringen, der bereits zu Zeiten Schillers gegen Herrscher gewendet wurde, die ihre Handlungen skrupellos bloßen Nützlichkeitserwägungen unterwarfen. Mit *Maria Stuart* erörtert Schiller im historischen Gewand des 16. Jahrhunderts Fragen der Herrschaftslegitimation des 18. Jahrhunderts: die Willkür und Verderbtheit deutscher absolutistischer Fürsten. Wie überholt die Herrschaftslegitimation durch Gottesgnadentum ist, zeigt Elisabeths Verhalten: Sie führt lediglich ein Selbstgespräch, nachdem sie angekündigt hat, sich mit dem „höhern Richter“ (V. 3 187) zu beraten.

In Schillers Herrschaftskritik scheint eine **politische Vision** auf: keine Demokratie, denn das Volk wirkt leicht manipulierbar, sondern eine moderne **konstitutionelle Monarchie**, in der die königliche Macht eingeschränkt ist durch Gesetze, mit einer Gewaltenteilung und einem unabhängigen Parlament – im Stück führt es lediglich die Anordnungen der Krone aus; Elisabeth sagt bezeichnenderweise „mein Parlament“ (V. 1 320).

Letztlich liegt der Schwerpunkt des Stücks jedoch auf dem Appell an die Moralität des Einzelnen. Heraufbeschworen wird ein **Ideal von Verantwortlichkeit**, das alle Personen, ungeachtet ihres Geschlechts, anstreben sollen. Die Zustände am englischen Hof erscheinen als Folge des moralischen Versagens von Einzelnen: Maria Stuarts Hinrichtung wäre auch gegen den Willen Elisabeths abwendbar gewesen, wenn ihre Berater anders verfahren wären usw. Die Verantwortung für eine Tat haben sowohl jene, die sie ausführen, als auch jene, die sie befehlen, selbst wenn dies nonverbal geschieht: Elisabeth wird bereits schuldig durch einen „stummen Auftrag“ (V. 1 041), den unausgesprochenen Wunsch nach Marias Ermordung. Integer wirkt nur Shrewsbury, der couragiert sein Amt niederlegt. Der einzelne Mensch, so könnte die Lehre lauten, ist der Geschichte nicht hilflos ausgeliefert, sondern vermag etwas auszurichten.

4 Form des Dramas – das erzieherische Trauerspiel

Mit dem Untertitel „Ein Trauerspiel" hat Schiller *Maria Stuart* in die Tradition der im antiken Griechenland entwickelten Kunstform der **Tragödie** gestellt. Der Begriff „Trauerspiel" wurde Mitte des 17. Jahrhunderts als deutsches Pendant eingeführt und erlangte ab dem 18. Jahrhundert mit der literarischen Epoche der Aufklärung zunehmend Verbreitung.

Grundsätzlich befasst sich die Gattung der Tragödie – im Unterschied zur Komödie – mit **gewichtigen Daseinsfragen** und stellt den Zusammenbruch einer heroischen Gestalt angesichts eines ausweglosen Konflikts dar. Zunächst wurden für solch einen heldenhaften Untergang allein Angehörige hoher Stände als geeignet erachtet: Die **Ständeklausel** basierte auf der Vorstellung, nur die Schicksale von monarchischen Staatsoberhäuptern oder Adeligen würden auf der Bühne eine überzeugende Größe und Würde entfalten. Als Voraussetzung für das notwendige Pathos galt die **Fallhöhe:** Niedrigstehende Personen konnten angeblich in keine schicksalhafte Bedrängnis geraten, weil ihre Nöte durch menschliches Eingreifen letztlich zu beseitigen wären.

Die Norm der Ständeklausel war längst aufgehoben, als *Maria Stuart* entstand: Mitte des 18. Jahrhunderts etablierte Lessing das **bürgerliche Trauerspiel**. Schiller selbst hatte mit seinem Frühwerk *Kabale und Liebe* (1783) diesem aufklärerischen Dramentypus zu einem Höhepunkt verholfen. Warum wendet er sich in seinem späten Historiendrama wieder dem ursprünglichen Trauerspiel zu? Schillers ästhetische Entscheidung hängt zusammen mit einer im Rahmen seiner idealistischen Kunstauffassung entstandenen Tragödienkonzeption. Kennzeichnend dafür sind seine großen Vorbehalte gegen jene gängigen Trauerspiele, die „bloß Ausleerungen des Tränensacks und eine wollüstige Erleichterung der Gefäße“[17] hervorrufen. Diese Polemik ist indirekt auch gegen Aristoteles gerichtet, der als Wirkung der Tragödie die Reinigung von den Affekten Mitleid und Furcht bestimmte. Schiller dagegen beabsichtigt **keine Katharsis**, aber er hält es durchaus für die Aufgabe der Tragödie, mit der Darstellung leidender Menschen Mitleid zu erregen. Doch diese **Rührung** muss Schiller zufolge so dosiert sein, dass sie die Zuschauenden **nicht überwältigt**.

Um eine solche Balance zu gewährleisten, achtet Schiller auf den Grad der **Identifikation**. Einerseits setze Mitleid bei aller Einbildungskraft eine gewisse Ähnlichkeit voraus: „Nur das Leiden sinnlich-moralischer Wesen, dergleichen wir selbst sind, kann unser Mitleid erwecken.“[18] Wir müssen fühlen, dass wir bei gleichen Umständen ebenso gelitten und gehandelt hätten. Andererseits soll die emotionale **Ergriffenheit** Raum lassen für moralischen **Widerstand**, eine innere geistige Freiheit vom Dargebotenen, die Schiller auch Erhabenheit nennt (vgl. *Interpretationshilfe,* S. 73 ff.). In einem Brief an Goethe vom 18. Juni 1799 erläutert der Dichter die durch Kunstfertigkeit zu erreichende maßvolle Identifikation in Bezug auf seine Heldin Maria Stuart: Sie werde „keine weiche Stimmung“ erregen, und das Pathetische müsse vielmehr „eine allgemeine, tiefe Rührung“ statt „ein persönlich und individuelles Mitgefühl“ sein. In der Tat verhindert die Zwiespältigkeit der Figur eine vorbehaltlose Zustimmung oder Empathie (Einfühlung), auch wenn man eher für die Schottin als für Elisabeth Partei ergreift.

Dem Wechsel von Nähe und Distanz, von Anziehung und Abstoßung entspringt Schiller zufolge letztlich das **Vergnügen** am Trauerspiel, das er für dessen wichtigsten Zweck hält, weil die Kunst der **Glückseligkeit** des Menschen zu dienen habe. Schiller ist sich zugleich darüber im Klaren, dass er dafür den Erfordernissen der **Unterhaltung** Genüge tun muss: Auch in *Maria Stuart* sucht er Anstrengendes mit Entspannendem zu verbinden und die Aufmerksamkeit durch überraschende Wendungen wachzuhalten.

Die Lust am Schönen, das Ergötzen des Publikums durch eine rührende Tragödie, ist für Schiller kein Selbstzweck, sondern Teil eines **pädagogischen Programms**. Bereits in seinem Vortrag *Die Schaubühne als eine moralische Anstalt betrachtet* (1784) ist es ihm ein Anliegen, dem Theater den Rang einer nationalen Erziehungsstätte zu sichern: Er definierte es als „Schule der praktischen Weisheit, ein Wegweiser durch das bürgerliche Leben, ein unfehlbarer Schlüssel zu den geheimsten Zugängen der menschlichen Seele“[19]. Das Kunsterlebnis soll einem **lebenspraktischen Unterricht** gleichkommen, der Einblicke in die menschliche Lasterhaftigkeit gewährt und die Fähigkeit lehrt, Schicksalsschlägen gefasster zu begegnen. In diesen emphatischen Vorstellungen Schillers manifestiert sich die enorme gesellschaftliche Bedeutung, die dem Theater damals als wichtigstem literarischem Medium und als schichtenübergreifendem Veranstaltungsort zukam.

Das **alltagsferne Setting** von *Maria Stuart* scheint jedoch kaum geeignet, dem Publikum ein nachahmenswertes Beispiel von menschlicher Größe zu liefern. Dies ist kein Zufall, denn bereits vor der Entstehung des Stücks war die lebenspraktische Verwertbarkeit in Schillers Dramentheorie im Zuge seiner Hinwendung zur Klassik in den Hintergrund getreten. Nach wie vor begreift der Dichter das Theater als öffentliche Bildungseinrichtung, doch nun bestimmt er es als **zweckfrei**, das heißt **ohne unmittelbaren Nutzen** in Form einer konkreten moralischen Botschaft. Mit anderen Worten: Das Kunstwerk soll **Autono-**

mie, eine Unabhängigkeit von der alltäglichen Sphäre, besitzen – die, so beklagt Schiller hellsichtig mit Blick auf die sozio-ökonomische Modernisierung, zunehmend geprägt sei von Entfremdung und Nützlichkeitsdenken.[20]

Dennoch kommt der Kunst eine Aufgabe zu: Insbesondere in der Schriftsammlung *Über die ästhetische Erziehung des Menschen in einer Reihe von Briefen* (1795) setzt Schiller auf die **humanisierende Kraft** des Rezeptionserlebnisses. Schiller verknüpft Literatur mit einer utopischen Hoffnung: Die Erfahrung des Kunstgenusses soll einen **Freiraum** stiften, ein Erleben harmonischer Totalität ermöglichen, um zunächst den einzelnen Menschen zu veredeln und langfristig auf diesem Weg die Gesellschaft insgesamt zu verbessern. In einem Brief an den Prinzen von Augustenburg befand Schiller, man müsse damit anfangen, „für die Verfassung Bürger zu erschaffen, ehe man den Bürgern eine Verfassung geben kann" (13. Juli 1793). Mit diesem Emanzipationsmodell unterschätzte Schiller den **elitären Charakter** seiner Ästhetik; lediglich eine verschwindend kleine Schicht bürgerlicher und adeliger Gebildeter vermochte seine Werke zu goutieren.

Die Gefahr, dass die Kunstrezeption **affirmativ** (bestätigend) wirkt, indem sie eine **erbauliche Flucht** vor dem Alltag bietet und so das Verlangen nach einer besseren Realität stillstellt, erkannte Schiller wohl. Er versuchte ihr zu begegnen, indem er das Publikum in seinen Tragödien mit dem Leiden konfrontiert: in Abkehr von „dem schlaffen, verzärtelten Geschmack", der, so der Dichter illusionslos, „eine Harmonie zwischen dem Wohlsein und Wohlverhalten lügt, wovon sich in der wirklichen Welt keine Spuren zeigen"[21].

5 Sprachliche und stilistische Besonderheiten

Das auffälligste stilistische Merkmal des Stücks besteht in der alltagsfernen Gehobenheit seiner Sprache. Die **hohe Tonlage** heischt in ihrer Künstlichkeit nach der Aufmerksamkeit des Publikums und wertet das Geschehen auf. Als Gesamteindruck entsteht eine **pathetische Stimmung:** eine gesetzte, feierliche Ergriffenheit. Was heute bisweilen als unfreiwillig komischer oder pompöser Gefühlsüberschwang erscheinen mag, wurde zu Lebzeiten Schillers als Indiz für seine idealistische Ästhetik wahrgenommen, die heute – vor allem wegen ihres an der Antike orientierten Strebens nach Humanität und Harmonie – als **klassisch** gilt.

Auch die Tatsache, dass *Maria Stuart* in Versen verfasst ist und nicht in Prosa wie Schillers frühe Dramen, zeugt von einem Streben nach vornehmer Klassizität: Schiller schreibt am 24. November 1797 an Goethe, dass man „wirklich alles, was sich über das Gemeine erheben muß", in Versen „konzipieren" sollte, und zeigt sich begeistert, weil die so geschaffene **Einheitlichkeit der Rede** „den Dichter und seinen Leser nötiget, von allem noch so Charakteristisch-Verschiedenen etwas Allgemeines, rein Menschliches" zu verlangen. Alle Figuren in *Maria Stuart* sprechen dasselbe eindringliche, rhythmisierte Bühnenhochdeutsch, und zwar einen reimlosen, fünfhebigen Jambus, den sogenannten **Blankvers**. Im ersten Vers des Dramas liegt eine Silbenbetonung vor, die als typisch gelten kann: „Was mácht Ihr, Sír? Welch néue Dreístigkeít!"

Aufgelockert wird das Versmaß häufig durch **Enjambements**, also Sätze über mehrere Verszeilen (ein Extrembeispiel findet sich in V. 1 404 ff.). Darüber hinaus lädt Schiller auch einzelne Textpassagen durch **Reime** mit lyrischer Gefühlsdichte auf, etwa bei Marias Parkspaziergang. Auf „Lass mich ein Kind sein, sei es mit!" (V. 2 076) folgt im übernächsten Vers: „Prüfen den leichten, geflügelten Schritt." Schillers einfallsreicher Umgang mit dem Blankvers verhindert formale Erstarrung, ein **geschmeidiger Sprachfluss** entsteht. Gegenüber Goethe nimmt Schiller für sich in Anspruch, sich bei der praktizierten „Mannigfaltigkeit im Silbenmaß" an klassischen griechischen Stücken orientiert zu haben (Brief vom 3. September 1799).

Größtenteils ergibt sich die klassische Anmutung des Stücks aber dadurch, dass das Gesagte aufgrund eines ausgefeilten, forcierten Gebrauchs rhetorischer Stilfiguren eine enorme sprachliche Dichte erhält. Zahlreich sind **Metaphern**, wie „meines Geistes Schwingen" (V. 2 380) oder „den bittern Kelch des Leidens" (V. 1 978); häufig sind darunter **Personifikationen**: „Ob meine Unschuld, meiner Freunde Eifer, / Ob meiner Feinde böser Rat gesiegt" (V. 228), „Als mich die unbezwingliche Begierde / Hinaustrieb auf das feste Land" (V. 412 f.) oder „Und so ergriff mich die Gewalt" (V. 942). Oft gelangt das **Bildfeld Hitze** zum Einsatz, das in erster Linie Marias Wesen als unkontrollierbar gefährlich kennzeichnet[22]: Sie habe „die Fackel / Des Bürgerkrieges in das Reich zu schleudern" gewusst (V. 65 f.) und wollte „durch die Flammen / Des Bürgerkriegs zum Throne steigen" (V. 840 f.). Ihre Reize sind es, die „einen Greis in solches Feuer setzen" (V. 1 401). Maria Stuart selbst spricht von „meiner Leiden brennendes Gefühl" (V. 2 183). Aber auch bei den anderen Figuren markiert das Hitze-Motiv kaum zu bändigende Emotionen: Mortimer etwa reiste nach Italien „mit heißem Wunsche" (V. 417), und er richtet an Maria „die heiße Liebesbitte" (V. 2 584); Elisabeth wiederum verbirgt die „wilde Glut verstohlner Lüste" (V. 2 429). Auf sie bezieht sich das seltener auftretende **Kontrastmotiv Kälte**. Es unterstreicht die menschenverachtende Überheblichkeit und Empfindungslosigkeit Elisabeths: Sie schaut Maria „mit dem Eisesblick" an, der „kaltes Grausen" hervorruft (V. 2 275 ff.).

Ähnlich konventionell verwendet Schiller den Gegensatz von **hell und dunkel:** „Wie eines Engels Lichterscheinung steige / In ihres Kerkers Gräbernacht hinab“ (V. 1 548 f.), sagt Shrewsbury, um Elisabeth den Besuch bei Maria nahezulegen. Mit positiver Bedeutung behaftet ist Helligkeit auch in folgenden Zitaten: „England, / So glücklich im Genuss des neuen Lichts“ (V. 1 423 f.), „das teuer / Erworbne Licht der Wahrheit“ (V. 1 256 f.), „Der Wahrheit Licht“ (V. 1 826). Im Gegensatz dazu finden Elisabeths verwerfliche Taten „keinen Schutz als in der Dunkelheit“ (V. 1 607); „in des Towers Nacht“ (V. 1 381) durchlitt sie ihre harte Jugend, zudem eignet ihr ein „traurig finstrer Argwohn“ (V. 2 363). Und Maria umstehen „die finstern Höllengeister“ (V. 2 187), Mortimer erachtet die Schottin „Verfallen schon den finstern Todesmächten“ (V. 2 562).

Des Weiteren sticht das Stilmittel der **Apostrophe** heraus, die direkte Anrede von Personen oder Dingen: „O Königin!“ (V. 144), „O meine teure Lady!“ (V. 2 083), „O Gott im Himmel!“ (V. 2 268), „O die Verhasste, die / Mir all dies Weh bereitet!“ (V. 3 018 f.). Leicht damit zu verwechseln sind die häufigen bloßen **Ausrufe**, die ebenfalls der Belebung der Rede dienen, wie „O es ist hart!“ (V. 263), „O dann ist's aus!“ (V. 2 487) oder „O ich sterbe / Für Scham!“ (V. 2 828 f.).

Während die genannten Besonderheiten die Anschaulichkeit und emotionale Eindringlichkeit der Sprache steigern, bewirken die vielen im Stück auftretenden **Sentenzen** (Sinnsprüche) Gegenteiliges: Formulierungen wie „doch eines Mannes Tugend / Erprobt allein die Stunde der Gefahr“ (V. 894 f.) oder „Nicht Stimmenmehrheit ist des Rechtes Probe“ (V. 1 323) heben das Gesagte ins Abstrakte, Allgemeine, Grundsätzliche und verleihen ihm etwas Gesetzhaftes, Normatives, unangreifbar Wahres.

Obwohl die elegante Sprache in *Maria Stuart* in erster Linie als Instrument der Manipulation fungiert statt als Medium vernünftig-sachlicher Kommunikation, zeugt sie von Schillers **Ver-**

trauen in die Kraft des Wortes, einem Glauben an die Artikulierbarkeit der Welt. Hier wird die Neigung eines Dramas, Handeln und Reden in eins fallen zu lassen, auf die Spitze getrieben: Auch wenn die Figuren Aufwühlendes erleben, sind sie fast immer noch in der Lage, sich rhetorisch brillant zu äußern und einander temporeiche **Rededuelle** zu liefern, die sich mitunter bis zur **Stichomythie**, zur Rede und Gegenrede im Zeilenwechsel, steigern (V. 1 870 ff.). Mortimer ist sogar in dem Moment, als er sich mit gezücktem Messer zur Selbsttötung anschickt, noch eloquent (V. 2 809 ff.). Die eindrucksvollste Ausnahme besteht in der als eine Art akustische **Teichoskopie** (Mauerschau) gestalteten Enthauptung Marias: Das Publikum erlebt diesen Vorgang durch den nonverbalen körperlichen Zusammenbruch Leicesters, der selbst lediglich Ohrenzeuge des Vorgangs ist (Regieanweisung nach V. 3 875). Ungewöhnlich stumm räumt auch Elisabeth das Feld, nachdem sie von Maria gedemütigt wurde (Regieanweisung nach V. 2 451): Ihr Schweigen signalisiert eine Extremsituation, in der sich die Affekte nicht mehr durch Sprache kanalisieren lassen.

Das Rededuell zwischen Elisabeth (Antonia Reidel, li.) und Maria (Katharina Elisabeth Kram) bildet den Höhepunkt des Dramas.

Die **Handlungsmächtigkeit von Sprache** gelangt auch auf der inhaltlichen Ebene des Stücks zum Ausdruck: Beispielsweise vermag Elisabeth mit ihrer bloßen Unterschrift zu töten (IV, 11), und Maria verlangt von ihr die Begnadigung mit dem Satz „Ein Wort macht alles ungeschehn“ (V. 2 395).

6 Interpretation von Schlüsselszenen

Explodierende Emotionen: Treffen der Königinnen (III. Aufzug, 4. Auftritt)

Das sowohl sprachlich als auch hinsichtlich seiner Dynamik äußerst kunstvoll gestaltete Zusammentreffen von Elisabeth und Maria Stuart bildet den **Höhepunkt des Dramas:** Im Verlauf der **Eskalation** wird der Konflikt in all seiner Vielschichtigkeit entfaltet. Mit zugegen sind außer Paulet und Kennedy, die nicht intervenieren, noch Shrewsbury und Leicester, deren spärliche Vermittlungsversuche keinen mäßigenden Einfluss gewinnen.

Die Szene spielt, wie der gesamte dritte Aufzug, ausnahmsweise draußen, auf vergleichsweise neutralem Gelände, nämlich im Park von Fotheringhay. Einerseits fungiert die **idyllische Natur** als kontrastiver Hintergrund, andererseits gemahnt sie an Duelle, die stets unter freiem Himmel stattfinden.

Dass die Begegnung der Königinnen in ein Zerwürfnis mündet, dürfte der **Erwartungshaltung des Publikums** entsprechen. Bereits davor wird klar, wie unwahrscheinlich eine Begnadigung ist: Zum einen befindet sich Elisabeth, von Leicester auf einen Triumph in puncto „Adel der Gestalt" (V. 2 009) vorbereitet, in unangebracht siegesgewisser Stimmung, und zum anderen bricht vor dem Treffen aus Maria ein jahrelang aufgestauter „blut'ge[r] Hass" (V. 2 184) hervor. Spannung entsteht trotzdem: Wider besseres Wissen hofft man auf eine Versöhnung.

Im Verlauf des Wortgefechts zwischen Maria Stuart und Elisabeth kommen sämtliche Aspekte ihrer **politischen Rivalität** zur Sprache. Beim Rekapitulieren des Konflikts rechtfertigen beide rückblickend ihr eigenes Verhalten, indem sie es als angemessene Antwort auf eine **vorangegangene Provokation** der Widersacherin darstellen. Sogar die geplante Hinrichtung verteidigt Elisabeth damit, dass Marias katholische Fraktion zuerst den Königsmord gutgeheißen habe: „Ich übe nur, was Eure

Priester lehren.“ (V. 2 356) Das detailreiche Hin und Her, welches dynastische, konfessionelle, innen- und außenpolitische Aspekte berührt, kreist um die schuldrelevante Frage nach dem **Ursprung des Konflikts**. Elisabeth behauptet, Maria habe angefangen, als sie sich vom Kardinal von Lothringen für den Angriff auf Elisabeths Thronanspruch gewinnen ließ: „Nichts Feindliches war zwischen uns geschehn, / Da kündigte mir Euer Ohm [. . .] die Fehde an, / Betörte Euch, mein Wappen anzunehmen“ (V. 2 332 ff.). Maria hingegen behauptet, Elisabeth habe die Auseinandersetzung ins Rollen gebracht, als diese es verweigerte, sie als Thronerbin einzusetzen: „so hätten Dankbarkeit und Liebe / Euch eine treue Freundin und Verwandte / In mir erhalten.“ (V. 2 367 ff.)

Der Kommunikationsverlauf erzeugt eine **Eskalationsspirale**, bei der jede Streitpartei vorgibt, lediglich zu reagieren – und übersieht, wie sehr das eigene Verhalten das der anderen beeinflusst. Offen bleibt, welche Königin in der Vergangenheit mehr zur Zuspitzung der Fehde beitrug. Das Wortgefecht selbst beleuchtet die aus wechselseitigen Schuldzuweisungen entstehende **fatale Dynamik**, die auch heute noch Auseinandersetzungen zwischen Staaten prägt, wenn keine Seite zu einem vernünftigen Kompromissangebot bereit ist.

In der Begegnungsszene selbst entsteht allerdings der Eindruck, dass eher Elisabeth das unwiderrufliche Zerwürfnis herbeiführt. Maßgeblich ist die **Sympathiesteuerung:** Beide Königinnen verlieren die Fassung, aber **Elisabeth** gibt dabei eine erbärmliche Figur ab, weil sie ihre **Position der Stärke gnadenlos ausspielt**. Bereits eingangs markiert sie – im Kontrast zu der beinahe einer Ohnmacht erliegenden Maria – ihre Machtposition, indem sie sich selbstgefällig als beliebte Herrscherin gebärdet: „Mein gutes Volk liebt mich zu sehr.“ (V. 2 229) Und im weiteren Verlauf der Interaktion begegnet Elisabeth ihrer Feindin umso überheblicher und unbarmherziger, je mehr diese ihr entgegenkommt. Im Vergleich zu Elisabeth macht **Maria**, als Gefangene eine **Position der Schwäche** innehabend, in ihrer Wut einen sympathischeren Eindruck. Wesentlich trägt dazu bei, dass sie im Unterschied zur heuchelnden Elisabeth – „Wie heißt der Landsitz?" (V. 2 225), „Wer ist die Lady?" (V. 2 233) – aus ihrem inneren Kampf keinen Hehl macht. Maria wirkt aufrichtig, sie scheint ihr Herz auf der Zunge zu tragen, wenn sie ihre zwiespältigen Gemütsregungen und ihre Ratlosigkeit kundtut (V. 2 232, 2 244 ff., 2 288 ff., 2 435 ff.).

Einer vorbehaltlosen Identifikation mit Maria steht jedoch ihr **extremer Stolz** entgegen, der hier am deutlichsten sichtbar wird: Sie tritt nicht als bescheidene Bittstellerin auf, sondern relativiert jede Demutsgeste umgehend durch eine gebieterische, latent vorwurfsvolle Forderung. Es ist symptomatisch, dass sie „auf halbem Weg" (Regieanweisung nach V. 2 241) stehenbleibt, als sie Elisabeth zur Begrüßung entgegengehen will. Oder dass sie dafür, vor der englischen Königin niedergefallen zu sein, eine noble Geste der Anerkennung als angemessen erachtet: „Eure Hand / Streckt aus, reicht mir die königliche Rechte" (V. 2 254 f.). Von einer schmeichlerischen Tonlage wechselt sie beinahe übergangslos zu neuen Vorwürfen (V. 2 323 ff.). Und konsequenterweise konterkariert Maria ihren Verzicht auf den Thron, die tiefste Selbstdemütigung, umgehend durch die höchste Forderung: ihr endlich die Freiheit zu schenken (V. 2 386 f.).

Marias Stolz schlägt sich auch darin nieder, dass ihr daran gelegen ist, ihre **Ebenbürtigkeit** zu unterstreichen: Konsequent redet sie, auf die enge Verwandtschaft anspielend, Elisabeth mit „Schwester" an (V. 2 250, 2 253, 2 321, 2 386, 2 399, 2 411), während die Engländerin sie „Lady Maria" oder „Lady Stuart" nennt. Maria Stuarts Anspruch auf Gleichstellung entlädt sich in der selbstbewussten Aussage „Denn ich bin eine Königin wie Ihr" (V. 2 296) und folgendem Appell: „ehrt / In mir Euch selbst, entweihet, schändet nicht / Das Blut der Tudor, das in meinen Adern / Wie in den Euren fließt" (V. 2 265 ff.). Bei der Kommunikation zwischen Maria Stuart und Elisabeth tritt bemerkenswert oft der Beziehungsaspekt in den Vordergrund. Beide Seiten ringen um eine Definition ihres Verhältnisses: Während Elisabeth von oben herab agiert, will Maria auf Augenhöhe verhandeln.

Als Ursache für das unwiderrufliche Scheitern einer Versöhnung kann gelten, dass **destruktive Emotionen** die Oberhand gewinnen. Die englische Königin interpretiert den Zwist mit Maria als einen Kampf auf „Tod und Leben" (V. 2 338): Sie fürchtet den eigenen Untergang, sollte sie Maria die Freiheit schenken. Doch dieses Misstrauen scheint sich weniger aus politischem Instinkt, sondern aus **persönlichen Motiven** zu speisen. Bezeichnenderweise verhöhnt Elisabeth ihre Kontrahentin nach deren Thronverzicht („Regiert in Frieden! / Jedwedem Anspruch auf dies Reich entsag ich", V. 2 378 f.) mit deren Schönheit, die sie als Indiz für lasterhafte Promiskuität deutet: „Es kostet nichts, die *allgemeine* Schönheit / Zu sein, als die *gemeine* sein für *alle*!" (V. 2 417 f.) Hier wird Elisabeths **Neid auf Marias äußere Reize** offenkundig. Aber auch Maria lässt sich von ihren Emotionen hinreißen, als sie Elisabeths Angriff pariert. Auf den ersten Blick sieht es so aus, als wäre Maria bereit, für die Verteidigung ihrer Ehre ihr Leben zu opfern. Bei näherer Betrachtung zeigt sich aber, dass sie das Buhlen um ihre Begnadigung erst aufgibt, nachdem Elisabeth zu erkennen gegeben hat, dass die Schottin **auf verlorenem Posten** steht: Elisabeths Bemerkung „Ja, es ist aus, Lady Maria" (V. 2 407) signalisiert, dass eine Begnadigung definitiv ausgeschlossen ist. Marias Ausruf „Das ist zu viel!" (V. 2 419) markiert im Anschluss den Übergang zum Gegenangriff: Sie redet sich immer mehr in Rage und trifft schließlich mit ihrer hasserfüllten Äußerung „Der Thron von England ist durch einen Bastard / Entweiht" (V. 2 447 f.) Elisabeths wundesten Punkt. Die Anwesenheit ihres heimlichen Liebhabers Leicester freut die Schottin (V. 2 223), und es steigert ihren Triumph, sich „Vor Leicesters Augen“ (V. 2 464) an der **Nebenbuhlerin** gerächt zu haben. Elisabeth ahnt zwar zu diesem Zeitpunkt noch nicht, dass sie sich mit Maria in erotischer Konkurrenz um Leicester befindet. Trotzdem ist aufgrund ihrer Eitelkeit davon auszugehen, dass seine Anwesenheit bei dem Treffen ihre Schmach erhöht. Beiden Frauen ist daran gelegen, sich vor Leicester optimal in Szene zu setzen.

In der Begegnungsszene tut sich eine Kluft auf zwischen der hohen gesellschaftlichen Stellung der Akteurinnen und der Hemmungslosigkeit, mit der sie schließlich ihren Aggressionen nachgeben. Die Sprache bleibt allerdings auf alltagsfernem Niveau, geprägt von einem Reichtum an Stilmitteln, wie etwa rhetorischen Fragen (V. 2 339, 2 349, 2 357 ff., 2 403 ff.), Alliterationen (V. 2 341, 2 351) oder Personifikationen (V. 2 437 ff.).

Zeigen die wechselseitigen Anzüglichkeiten und Beleidigungen, dass hinter dem politischen Konflikt nur ein Privat-Zank steckt? Das wäre ein Irrtum, denn prägend für die Rivalität ist die unentwirrbare, **fatale Verflochtenheit privater und offizieller Motive**. Wie die Szene veranschaulicht, besitzen selbst vordergründig rein persönliche Attacken eine politische Dimension: Marias Schönheit gilt als Waffe, weil sie wagemutige Retter anlockt. Und Elisabeths geheuchelte sexuelle Abstinenz – Maria wirft ihr vor, eine „wilde Glut verstohlner Lüste“ (V. 2 429) unter ihrem „Ehrenmantel“ (V. 2 428) zu verbergen – ist ebenfalls ein Politikum: An ihrer Selbstinszenierung als tugendhafte Königin hängt die Verehrung seitens ihrer Untertanen (vgl. *Interpretationshilfe*, S. 57). Hier geraten nicht irgendwelche Frauen aneinander, sondern zwei Regentinnen, deren Handeln von enormer Tragweite ist. **Am Pranger steht** damit ein **politisches System**, bei dem das Schicksal ganzer Völker vom Handeln einzelner Individuen abhängt. Das Wortgefecht verdeutlicht auch die **Zumutungen öffentlicher Ämter**, deren Ausübung das Privatleben schonungslos moralischen Bewertungen aussetzt.

Als Kontrast zu den verbindenden Gemeinsamkeiten dient die **antithetische Charakterstruktur** der Königinnen (vgl. Schaubild, S. 55). Maria hält Elisabeth beispielsweise vor, „schroff und unzugänglich, wie / Die Felsenklippe" zu sein, „die der Strandende" – also Maria – „Vergeblich ringend zu erfassen strebt." (V. 2 269 ff.) Dieses Bild evoziert die Vorstellung, Maria sei dem Untergang geweiht, weil Elisabeth unmenschliche Härte – ein Steingebilde ist kein Lebewesen – zeigt. Für die abweisende Kälte und Strenge der Engländerin steht auch ihr „Eisesblick" (V. 2 275), im Kontrast zu Marias warmem „Strom / Der Tränen" (V. 2 276 f.). Gegensätzlich ist zudem die **Bezugnahme auf den Glauben**. „Doch Gott ist mit mir" (V. 2 344), verkündet Elisabeth hochmütig und beansprucht so Rechtschaffenheit. Die Schottin hingegen bekennt demütig: „Ich steh in Gottes Hand." (V. 2 347) Maria bittet mehrfach um Beistand, wie die sich steigernden Apostrophen illustrieren: Auf „O Gott" (V. 2 232) folgt „O Gott im Himmel!" (V. 2 268) und auf dem Gipfelpunkt emotionaler Erregung heißt es: „O Gott! Gott! Gib mir Mäßigung!" (V. 2 412)

In der Begegnungsszene ist Marias Läuterungsprozess auf dem Tiefpunkt angelangt. Erstaunlicherweise lässt die Schottin **kein Schuldbewusstsein** für ihre bereits eingestandene Mittäterschaft an der Ermordung ihres Ehemanns (I, 4) erkennen. Elisabeths stark übertriebene Anspielung darauf – „Es lüstet keinen Euer – vierter Mann / Zu werden, denn Ihr tötet Eure Freier / Wie Eure Männer!" (V. 2 409 ff.) – wird von Maria Stuart als bloße Unverschämtheit zurückgewiesen. Ausweichend verhält sich die Schottin auch gegenüber dem Vorwurf, Elisabeth nach dem Leben getrachtet zu haben (V. 2 286 f.): Maria antwortet darauf nicht direkt, und kurze Zeit später klingt es so, als sei der Satz nie gefallen, wenn sie von Elisabeth verlangt: „Jetzt, Schwester, redet! Nennt mir meine Schuld“ (V. 2 321). Zudem lancierte Maria davor als erstes Friedensangebot den Kompromiss, dass beide Königinnen keine Schuld an ihrem Konflikt trifft, was einer **Selbstentlastung** gleichkommt: „Ich will alles eine Schickung nennen, / *Ihr* seid nicht schuldig, *ich* bin auch nicht schuldig“ (V. 2 307 f.).

Trotz ihres Mangels an Schuldbewusstsein geht Maria am Ende aus der Szene als **moralische Siegerin** hervor. Das hängt damit zusammen, dass sie sogar auf dem Gipfel ihrer Raserei „von Zorn glühend, doch mit einer edeln Würde“ (Regieanweisung nach V. 2 420) spricht, was als äußeres Anzeichen einer von Schiller propagierten erhabenen Gesinnung (vgl. *Interpretationshilfe,* S. 73 ff.) gelten kann. Die Aggressivität der Schottin erscheint auch vor dem Hintergrund verständlich, dass sie von Elisabeth seit Jahren gefangen gehalten wird. So authentisch Maria Stuart wirkt, so deutlich zeigt sich auch, welche Selbstunterwerfung ihre spätere, erhabene Gemütsruhe bedeutet.

Maria Stuart (Verena Karg, li.) ringt bei der Unterwerfungsgeste gegenüber Elisabeth (Katrin Rehberg) um Selbstbeherrschung; Aufführung der Landesbühne Niedersachsen 2008

Akzeptanz der Hinrichtung: Marias erhabene Beichte (V. Aufzug, 7. Auftritt)

Die Szene, in der Maria Stuart von Melvil die Sterbesakramente empfängt, erfüllt im Stück eine überaus wichtige Funktion, weil darin die **Schuld** der Hauptfigur so tief wie nie zuvor **ausgelotet** wird. Die dabei von Maria eingenommene Haltung der Todesbereitschaft erlaubt es, Schillers Konzept der Erhabenheit aus heutiger Blickrichtung auf seine Tragfähigkeit zu prüfen.

Wie viele andere Bedienstete Maria Stuarts ist auch ihr ehemaliger Haushofmeister Melvil der Erlaubnis gefolgt, vor der Hinrichtung zu seiner Herrin zurückzukehren. Als die Schottin ihn in der vorherigen Abschiedsszene (V, 6) überraschend inmitten ihres Personals wiedersieht, wird deutlich, wie sehr sie ihn schätzt: Ihn freudig begrüßend, redet sie ihn achtungsvoll mit „edler Sir“ (V. 3 495) und „edler Ritter“ (V. 3 503) an und überträgt ihm die Aufgabe des Testamentsvollstreckers gegenüber ihren Angehörigen. Die besondere **Vertrauensstellung Melvils** lässt sich auch daran ablesen, dass er Maria Stuart duzt.

Zu seiner Selbstbeschreibung als **treuer Freund** (V. 3 587) passt, dass sich Melvil, wie sich nun erweist, zum Priester hat weihen lassen – eigens zu dem Zweck, Maria Stuart vor ihrem Tod die Beichte abnehmen und mit ihr das Abendmahl feiern zu können (V. 3 649 ff.). Dass Melvil sein neues Amt zunächst verschweigt, scheint vor allem der **Spannungsförderung** geschuldet und bietet die Gelegenheit, Mitgefühl mit Maria Stuart zu empfinden: Sie sorgt sich, weil ihr bislang ein katholischer Geistlicher und somit die Beichte, „Des Sakramentes heil’ge Himmelspeise“ (V. 3 592), verwehrt wurde, die sie für die Rettung ihrer „beklemmten Seele“ (V. 3 584) als notwendig erachtet. Diese nun eingestandene Beunruhigung lässt die Haltung Maria Stuarts in der Szene davor als stolze Zurschaustellung einer Gefasstheit erkennbar werden, die sie so ungetrübt nicht fühlte.

Bei dem vertraulichen Gespräch mit Melvil erweckt Maria erstmals den Eindruck einer **tiefgläubigen Katholikin**. „Im Glauben meiner Kirche will ich sterben, / Denn der allein ist's, welcher selig macht" (V. 3 594 f.), bekennt sie. Sonst haftete den ohnehin spärlichen Hinweisen auf die Religiosität der Schottin etwas Demonstratives, Strategisches an: etwa wenn sie umhergehend ein Kruzifix umfasst (vgl. V. 142) oder, angeblich geschwächt durch „das lange Kerkerelend" (V. 192), sehr lebhaft einen Priester verlangt.

Wie bereits in ihrem früheren Dialog mit Mortimer (vgl. V. 451 ff.) lässt Maria auch hier, im Austausch mit Melvil, erkennen, welche Eigenschaft des Katholizismus sie in erster Linie begeistert, nämlich dessen **vielfältige Sinnlichkeit** – zum einen das bewegende Gemeinschaftsgefühl im Gottesdienst, bei dem „die Glut zur Flamme" (V. 3 612) wird, zum anderen der feierliche Prunk: „Geschmückt ist der Altar, die Kerzen leuchten, / Die Glocke tönt, der Weihrauch ist gestreut" (V. 3 616 ff.). Auf der Folie dieses Credos erscheint die festliche Kleidung der Schottin – sie trägt im gesamten fünften Aufzug neben einem Diadem als Insigne ihrer weltlichen Macht diverse religiöse Schmuckgegenstände – stimmig: „Der Erde Glanz" (V. 3 549) wird im Katholizismus gebilligt. Maria Stuart versteht die ersehnte Beichte durchaus zu Recht als „irdisch Pfand" (V. 3 602) für den Himmel, und es veranschaulicht ihre in den Bereich des Religiösen verschobene Sinnlichkeit, wenn Melvil davon spricht, dass sie „Der feurig fromme Wunsch" (V. 3 597) zu beichten beschäftige.

In dieser Szene tritt Maria Stuart, die im Stück mit dem Ruf der leichtsinnigen, weltlichen Genüssen zugewandten Frau behaftet ist, angesichts ihres baldigen Todes unwiderruflich in eine andere Ordnung ein. Dass sie **allem Irdischen** sukzessive **den Rücken kehrt**, zeigt sich darin, dass weltliche Hierarchien von göttlichen nicht nur außer Kraft gesetzt, sondern sogar ins

Gegenteil verkehrt werden. Die Schottin erkennt Melvil nämlich aufgrund seines neuen priesterlichen Amts sogleich als statushöher an: „Und Ihr, *mein* Diener einst, seid jetzt der Diener / Des höchsten Gottes, und sein heil'ger Mund!", stellt sie fest und ordnet sich ihm ohne Zögern unter: „Wie Eure Knie sonst vor mir sich beugten, / So lieg ich jetzt im Staub vor Euch." (V. 3 665 ff.)

Auf der Grundlage dieser umgedrehten Hierarchie führt Melvil die **Beichte wie ein Verhör**, ohne dass Maria Stuart dies als anmaßend zurückweist: Im Verlauf der Szene entpuppt er sich zunehmend als schwer zu überzeugender, inquisitorischer Ermittler, der Maria Stuart in die Rolle der Angeklagten drängt. Zu Beginn der Beichte haben die Nachfragen Melvils noch sanft auffordernden, unterstützenden Charakter. Maria Stuart gesteht freiwillig drei Sünden: zunächst den Hass auf ihre Feindin Elisabeth (V. 3 676 – 3 679), dann die Liebe zu Leicester (V. 3 684 bis 3 691) und als Letztes, dass sie ihren Mann ermorden ließ und den Anstifter ehelichte (V. 3 693 – 3 700). Beim letztgenannten Punkt geht sie weiter als in ihrem Geständnis gegenüber Kennedy (I, 4), was die Bedeutung der Beichte als ultimativer Gewissensprüfung unterstreicht: Dort präsentierte sie sich als Mitwisserin (V. 292 f.), hier klingt es so, als hätte sie die Tat mit initiiert. Die Reihenfolge der gebeichteten Sünden entspricht einer **Steigerung**, was durch die zunehmende Reimhäufigkeit unterstrichen wird. Die erste Sünde hat das geringste Gewicht, die durchgängig verwendete Zeitform des Präteritums („war", „tobten", „hofft", „konnte") signalisiert Abgeschlossenheit; bei der zweiten Sünde wird dasselbe Tempus verwendet, aber mit dem Hinweis, dass deren Überwindung ihr am meisten zusetzte: „Es war der schwerste Kampf, den ich bestand" (V. 3 690). Die **schlimmste Sünde** ist jedoch die dritte; wie das Präsens („kehrt", „wälzt", „will") anzeigt, ist sie zum Zeitpunkt der Beichte immer noch quälend.

Im Anschluss an diese Geständnisse nimmt Melvil Maria Stuart regelrecht ins Kreuzverhör. Mit wachsender **Angriffslust** insistiert er auf einer das Todesurteil rechtfertigenden Schuld: „Du sagst mir nichts von deinem blut'gen Anteil / An Babingtons und Parrys Hochverrat?" (V. 3 713 f.) Um größtmöglichen Druck auszuüben, baut er Gott – den er zuvor als Tröster pries (V. 3 644 f.) – als **strafende Instanz** auf, indem er ihn als „Allwissenden" (V. 3 704) und als „Flammenauge, das ins Innre blickt" (V. 3 726) beschreibt. Er droht Maria Stuart mit der Hölle, „dem ew'gen Tod" (V. 3 707), falls sie nicht die Wahrheit sagt. Nachdem Maria Stuart dreimal die Vollständigkeit ihrer Beichte bestätigt hat (V. 3 703, 3 710, 3 720), formuliert sie schließlich folgende ausdrückliche Verneinung der Unterstellung Melvils – mit der sie bekräftigt, was sie zu Beginn des Stücks bereits Burleigh versicherte: „Doch nie hab ich durch Vorsatz oder Tat / Das Leben meiner Feindin angetastet!" (V. 3 729 f.) Selbst mit dieser Aussage gibt sich Melvil noch nicht zufrieden: „So steigst du, überzeugt / Von deiner Unschuld, auf das Blutgerüste?" (V. 3 733 f.) Aufschlussreich ist an dieser Äußerung, dass Melvil die Unschuld als subjektive Einschätzung Marias statt als objektive Tatsache fasst.

Doch warum waltet Melvil schließlich doch seines Amtes und vergibt Maria Stuart alle ihre Sünden, um ihr so ein ewiges Leben als „schön verklärter Engel" (V. 3 756) zu eröffnen? Er kapituliert in dem Moment, als er von Maria ihr **Motiv** für die Akzeptanz der Hinrichtung erfährt: „Gott würdigt mich, durch diesen unverdienten Tod / Die frühe schwere Blutschuld abzubüßen." (V. 3 735 f.) Wie aus dieser Äußerung hervorgeht, begreift Maria die Chance zur Wiedergutmachung als gottgegeben, auch wenn ihr Entschluss zur **tödlichen Buße** eine eigene Gewissensentscheidung darstellt: Die alte Blutschuld „mit allen Kirchenstrafen" (V. 3 699) abzubüßen nützte nichts. Maria opfert sich nicht für ihre Religion, sie **stirbt nicht als Märtyrerin**.

Haushofmeister Melvil (Gerd Anthoff) erteilt Maria (Anna Schudt) Absolution vor ihrer Hinrichtung. Inszenierung am Residenz Theater in München 2006

Insgesamt hat die feierliche Szene den dramaturgisch notwendigen Effekt, die moralische Läuterung Maria Stuarts nach außen sichtbar zu machen. Die Beichte **dokumentiert** eine bereits vollzogene **innere Wandlung:** Maria Stuart hätte ihren Schlusssatz – „Meinen Hass / Und meine Liebe hab ich Gott geopfert" (V. 3 761 f.) – auch schon zu Beginn der Szene sagen können, paraphrasiert er doch den ersten Teil ihrer Beichte. Auch den Entschluss, für den Gattenmord mit dem Tod zu büßen, hatte sie schon vor der Beichte gefasst. Es existiert bloß ein Indiz dafür, dass die Beichte selbst Maria Stuart dem Abschied von den „Schwächen / Der Sterblichkeit" (V. 3 741 f.) näher gebracht hat: Die Schottin zögert, ihr königliches Privileg zu nutzen, beim Abendmahl aus dem Kelch zu trinken. In der Beichtszene wird Marias Hoffnung auf ein **Leben im Jenseits** von kirchlicher Seite offiziell bestätigt: Wie Melvil ankündigt, wird sich die Schottin im „Freudenreich [...] / Auf ewig mit dem Göttlichen vereinen" (V. 3 754 ff.), was sie – eingedenk ihres weißen Gewandes samt Schleier – als unschuldige Braut erscheinen lässt.

Trotz alledem liegt auf der Integrität Maria Stuarts auch nach dieser Szene der **Schatten eines Zweifels**. Ist sie in Bezug auf die Anklage des Hochverrats wirklich nur das Opfer von Verleumdung und Rechtsbeugung? Mit der Beichtszene wird ein Bogen zu der anderen wichtigen Geständnisszene des Stücks geschlagen, dem Dialog mit Kennedy (I, 4). Was sich dort früh andeutet, wird hier Gewissheit: Marias Bereitschaft zur Buße, ihr Schuldbewusstsein. Zugleich werden aber auch die Grenzen ihrer Moralität ausgelotet: War sie gegenüber Kennedy nicht in der Lage, ihre früheren Verfehlungen ausdrücklich zu bereuen, so zeigt sie nun keine rückhaltlose Offenheit hinsichtlich des Hochverrats. Selbst während der Beichte, der tiefsten Schuldauslotung muss Maria von Melvil erst unter Druck gesetzt werden, bevor sie auf die offizielle Anschuldigung eingeht. Dass Maria Stuart im engeren Sinn keinen Hochverrat begangen hat, suggeriert glaubwürdig bereits Kennedy, die keineswegs blind für die Fehltritte ihrer Herrin ist (V. 356 ff.), sie aber in diesem Punkt entlastet (V. 369 f.). Letztlich bleibt Marias **Gewissensprüfung oberflächlich**, weil sie sich nicht fragt, inwieweit sie womöglich auch ohne ihr bewusstes Zutun zu Mordanschlägen auf Elisabeth beitrug. Indem sie ihren Thronanspruch aufrechterhielt, wurde sie zwar nicht im juristischen, wohl aber im moralischen Sinn schuldig.

Marias mangelnde Glaubwürdigkeit ergibt sich aber auch daraus, dass ihr Handeln in der Beichtszene stark geprägt ist von Schillers Ästhetiktheorie. Zum einen gemahnt ihr Verhalten an Schillers Konzept der **schönen Seele** (vgl. *Interpretationshilfe*, S. 73 ff.): Bei ihrer Beichte werden „Gewissen“ und „Herz“ von Melvil synonym gebraucht (V. 3 643, 3 670, 3 674, 3 683, 3 688, 3 692, 3 701, 3 721), und Maria selbst benutzt ausschließlich den letzteren Begriff sowohl für den Hort der Gefühle als auch der Moralität (V. 3 673, 3 676, 3 686, 3 698). Sittlichkeit und Sinnlichkeit kommen in einer Weise zur Sprache, als befänden sie sich im Einklang miteinander – was das wichtigste Indiz für eine schöne Seele ist. Dabei hat doch gerade Maria bis zum Schafott mit unvernünftiger Leidenschaftlichkeit zu kämpfen und wirkt mitnichten ausgeglichen.

Doch vor allem Schillers Konzept der **Erhabenheit** (vgl. *Interpretationshilfe,* S. 73 ff.) findet in dem Umstand, dass die Hinrichtung als Anlass für eine selbstbestimmte Läuterung Maria Stuarts präsentiert wird, seinen Niederschlag. Zum einen zeigt sich die Künstlichkeit und Alltagsferne dieses Ideals: Die Akzeptanz der oktroyierten Hinrichtung erscheint unglaubwürdig. Sie wirkt nicht wie eine souveräne Willensentscheidung, sondern wie eine selbstbetrügerische Umdeutung des Aufgezwungenen in Freiwilligkeit. Macht Maria Stuart etwa bloß deshalb gute Miene zum bösen Spiel, weil sie ihren Widersachern den Triumph ihrer Demütigung nicht gönnt? Zum anderen hat das Ganze einen bitteren Beigeschmack, weil offenkundig wird, welch **inhumane Affektverleugnung** die Überwindung des natürlichen Überlebenswillens, die Leugnung der Todesangst, voraussetzt. Am Schluss der Szene beschreibt Maria Stuart ihre emotionale Verfassung, und was in der Logik des Stücks positiv gemeint ist, entspricht einer umfassenden Gefühlsarmut: „Meinen Hass / Und meine Liebe hab ich Gott geopfert." (V. 3 761 f.) Der Urteilsspruch erfüllt den Zweck, Maria Stuart eine Autonomie zuzubilligen, die mit einer **Verherrlichung des Geistigen** zulasten des Körperlichen, Kreatürlichen einhergeht.

Rezeption und Wirkung

Mehr als 200 Jahre nach seinem Tod gilt Schiller immer noch – nach Goethe – als der bedeutendste deutsche Dichter, insbesondere wegen seiner Dramen und Balladen. Zu seinen Lebzeiten war er indes stärker umstritten, als es heute erscheinen mag.

Bereits die **Uraufführung** von *Maria Stuart* rief gemischte Reaktionen hervor. Zwar verschaffte der große Publikumsandrang dem Drama einen Bühnenerfolg, es wurde in den Besprechungen **ausgiebig gelobt**, nicht zuletzt für seine eindrucksvolle Sprache, und Goethe schrieb am 15. Juni 1800 liebenswürdig an Schiller: „Man hat alle Ursache, mit der Aufführung sehr zufrieden zu sein, so wie das ganze Stück mich außerordentlich erfreut hat." Zu den geäußerten Vorbehalten gehörten solche, die infolge der **Zensurbestimmungen** Eingriffe der Obrigkeit – in Form von Streichungen oder **Aufführungsverboten** – nach sich zogen. Als **anstößig** galt etwa jene Szene, in der Mortimer Maria Stuart sexuell belästigt (III, 6); die *Vossische Zeitung* monierte hier „viehische Sinnlichkeit". Des Weiteren empfand man die Begegnung der beiden Königinnen (III, 4) als **unwürdig:** Ein Premierenbericht bemängelte, dass sie sich wie Fischweiber zankten. Außerdem wurde der Abendmahlszene (V, 7) **Blasphemie** angekreidet, weil sie feierliche Glaubensrituale in aller Ausführlichkeit auf die Bühne brachte. Ungeklärt ist bis heute, ob Kommunion und Beichte bereits in der Uraufführung fehlten: Der für Weimar maßgebliche Herzog Carl August hatte diesbezüglich auf Drängen des Theologen und Philosophen Johann Gottfried Herder interveniert. Auch andere Vertreter der zeitgenössischen **Kulturelite** schlugen **kritische Töne** an: Caroline Schlegel, zur literarischen Gegenströmung der Romantik gehörend, bilanzierte nach dem Erscheinen der

Buchausgabe von *Maria Stuart* in einem Brief an ihren Mann August Wilhelm Schlegel: „ich versichre Dich, ich habe bei dieser ersten Lektüre, wo die Neugierde mit geschäftig war, nicht einiger **Langeweile** entgehen können" (7. Mai 1801).

Nach Schillers Tod war es Goethe (1749–1832), der jahrzehntelang durch seine Huldigung dazu beitrug, Renommee und Popularität des früh verstorbenen Freundes zu mehren. Goethes Diktum „Denn er war unser", 1815 im Epilog zu dem Gedicht *Das Lied von der Glocke* veröffentlicht, nahm die nachfolgende Inbesitznahme Schillers als **Nationaldichter** vorweg. Diese Vereinnahmung als Fürsprecher der republikanischen Einheit Deutschlands – deren progressiver Anhänger Schiller unter anderen politischen Bedingungen, nämlich der absolutistischen Fürstengewalt, gewesen war – mündete 1859 bei den Gedenkfeiern zu Schillers 100. Geburtstag in eine breite, **volkstümliche Verehrung:** Die Werke des Dichters wurden bruchstückhaft und oberflächlich rezipiert; einzelne eingängige Zitate fanden, aus dem Zusammenhang gerissen, als **Lebensweisheiten und Sinnsprüche** Verbreitung. Aus dem Drama *Maria Stuart*, das in diesem Zeitraum häufig auf die Bühne gelangte, brachte es lediglich der Ausspruch „Wo das gesteckt hat, liegt noch mehr!" (V. 8) zum geflügelten Wort.

Im Kaiserreich (1871–1918), in dem die staatliche Einheit verwirklicht war, wurde Schiller neben Goethe – durch philologische Erforschung und Schulunterricht – zum Inbegriff deutscher Kulturgröße, was mit einer Stilisierung der Weimarer Klassik zur identitätsstiftenden Gipfelperiode literarischen Kunstschaffens einherging. Diese **Kanonisierung als Klassiker** – bei der Stücke wie *Wallenstein* und *Wilhelm Tell* noch beliebter waren als *Maria Stuart* – wurde in der Weimarer Republik (1918–1933) vonseiten der konservativen Fraktion fortgeführt.

Während des **Nationalsozialismus** stieg die Zahl der Aufführungen von Schillers Stücken, wobei *Maria Stuart* nach *Ka-*

bale und Liebe am häufigsten auf die Bühne gelangte (nachdem *Wilhelm Tell* wegen des Tyrannenmords 1941 verboten worden war). Um *Maria Stuart* systemkompatibel zu machen, wurde der im Stück vertretene **Freiheitsbegriff pervertiert**. Ihm widerfuhr eine Umdeutung in heroische Pflichterfüllung, in aufopferungsvolle Eingliederung in die Volksgemeinschaft, sprich: vorbehaltlose Unterwerfung unter den Staat. Schiller, der sich aufgrund seiner Neigung zum Pathos eher als Goethe für eine Indienstnahme durch das „Dritte Reich" eignete, wurde bereits 1934 bei den Feierlichkeiten zu seinem 175. Geburtstag als **prestigeträchtiger Gewährsmann** einer germanischen Kulturtradition für Propagandazwecke missbraucht.[23]

In der **Nachkriegszeit** reklamierten beide deutsche Staaten Schiller für sich, freilich mit unterschiedlichen Akzenten. Die DDR, auf deren Territorium sich nun Schillers Haupt-Wirkungsstätte befand, würdigte den Weimarer Klassiker im Zuge der Pflege eines literarischen Erbes in erster Linie als progressiv-bürgerlichen **Vorkämpfer des Marxismus:** Das Augenmerk bei *Maria Stuart* lag auf den fortschrittverheißenden historischen Konflikten; wobei man das Stück auch als Verarbeitung der Französischen Revolution rezipierte, deren terrorhafte Auswüchse Schiller abgestoßen hatten.

In der BRD der 1950er-Jahre wurde Schiller behutsamer vereinnahmt: *Maria Stuart* galt als respektheischender Inbegriff einer klassischen, einwandfreien **deutschen Wertetradition**. Das Stück wurde ohne Gegenwartsbezüge historisierend inszeniert und seitens der Germanistik – die sich von ihrer faschistischen Phase trotz personeller Kontinuitäten abgrenzen wollte – vorgeblich ohne weltanschauliche Prägungen interpretiert.

Im Zuge einer gesamtgesellschaftlichen Modernisierung (Stichwort: Studentenbewegung) geriet der literarische Kanon dann in den **Verdacht der Antiquiertheit** und Schiller in den Sog des Bildersturms: Als Klassiker schien er für die Schule nicht mehr tauglich, weil sein Menschenbild als überholte Feier innerer Freiheit und sein abgehobener Stil als manieriert wahrgenommen wurde. Bei Theateraufführungen äußerte sich diese **Demontage** in Bühnenbildern, die aktuelle, gesellschaftskritische Bezüge herstellten, und in einem betont freien Umgang mit dem Text: bei *Maria Stuart* etwa in Seitenhieben auf die Korruptheit der Mächtigen. Seit den 1980er-Jahren lag es dann wiederum nahe, die Geschlechterrollen in den Blick zu nehmen, zumal bei einem Drama wie *Maria Stuart*, das zwei weibliche Hauptfiguren besitzt.

Im 21. Jahrhundert gilt Schiller, wie von den Massenmedien in den Gedenkjahren 2005 und 2009 propagiert, als **deutscher Shakespeare**, und *Maria Stuart* vermag hierzulande nach wie vor beträchtliche Wirkung auf der Bühne zu entfalten.

Auch die Tradition der **produktiven Rezeption** ist nicht abgerissen: Die Literaturnobelpreisträgerin **Elfriede Jelinek** verschmolz in ihrem 2006 uraufgeführten Performance-Stück *Ulrike Maria Stuart* die Rivalität zwischen Maria Stuart und Elisabeth I. mit dem Machtkampf von Ulrike Meinhof und Gudrun Ensslin, was einem Angriff auf den Mythos der RAF (Rote-Armee-Fraktion) gleichkam, die in den 1970er-Jahren in Deutschland Anschläge auf Vertreter von Politik und Wirtschaft verübt hatte. Der Schiller'sche Königinnenstreit hatte zuvor bereits **Bertolt Brecht** inspiriert: Er parodierte 1939 die Begegnungsszene, indem er sie als *Streit der Fischweiber* in das prosaische Setting eines Marktes verlegte. Auch Wolfgang Hildesheimers weniger bekanntes Drama *Mary Stuart* von 1971 nimmt der Schottin die Würde: Es reduziert ihre Hinrichtung auf das Sterben einer eitlen, älteren Frau. Darüber hinaus existiert eine **Adaption** des Schiller'schen Dramas: Gaetano Donizettis 1834 in Neapel uraufgeführte Oper *Maria Stuarda* (aufgrund der Einwände der Zensur umgearbeitet zu *Buondelmonte*).

Literaturhinweise

Verwendete Textausgabe

SCHILLER, FRIEDRICH: *Maria Stuart.* Stuttgart: Reclam 2001 (RUB 64)

Weiterführende Sekundärliteratur

ALBERT, CLAUDIA (Hrsg.): *Deutsche Klassiker im Nationalsozialismus: Schiller, Kleist, Hölderlin.* Stuttgart, Weimar: Metzler 1994
Der Band vermittelt einen Eindruck davon, wie die Germanistik im „Dritten Reich" Schiller als Befürworter einer Unterwerfung unter die Volksgemeinschaft vereinnahmte.

GUTHKE, KARL S.: *Maria Stuart.* In: Koopmann, Helmut (Hrsg.): *Schiller-Handbuch.* Stuttgart: Kröner 1998, S. 415–441
Der Autor behandelt ausführlich, inwiefern die Gestalt der Maria Stuart eine moralische Entwicklung durchläuft.

LUSERKE-JAQUI, MATTHIAS (Hrsg.): *Schiller-Handbuch. Leben – Werk – Wirkung.* Stuttgart: Metzler 2005
Ein übersichtliches Nachschlagewerk für alle Einzelaspekte des Schiller'schen Werks, insbesondere hilfreich bei einer Auseinandersetzung mit den mitunter widersprüchlich argumentierenden ästhetischen Schriften.

NÜNNING, VERA: *Die Inszenierung der Macht und die Macht der Inszenierung: Elisabeth I.* In: Finger, Heinz (Hrsg.): *Die Macht der Frauen.* Düsseldorf: Droste Verlag 2004, S. 207–241
Der Aufsatz erläutert, welcher Selbstinszenierung sich die historische Elisabeth I. bediente, um erfolgreich zu regieren.

SAUTERMEISTER, GERT: *Maria Stuart – Ästhetik, Seelenkunde, historisch-gesellschaftlicher Ort.* In: Hinderer, Walter (Hrsg.): *Schillers Dramen.* Stuttgart: Reclam 1992, S. 280–334
Kenntnisreich analysiert der Autor, wie das Stück die bürgerlichen Geschlechternormen zur Diskussion stellt.

Anmerkungen

1 Schiller, Friedrich: *Über die tragische Kunst*. In: ders., *Theoretische Schriften*. Hrsg. von Rolf-Peter Janz. Frankfurt a. M. 2008, S. 272.
2 Zitiert nach: Dörr, Volker C.: *„Ein Ganzes ist, was Anfang, Mitte und Ende hat."*. In: Hofmann, Michael u. a. (Hrsg.): *Schiller und die Geschichte*. München 2006, S. 195 f.
3 Vgl. Klotz, Volker: *Geschlossene und offene Form im Drama*. München 1975 (Originalausgabe: 1960).
4 Wilpert, Gero von: *Sachwörterbuch der Literatur*. Stuttgart 1979, S. 25.
5 Schiller, Friedrich: *Über die tragische Kunst*, a. a. O., S. 273.
6 Schiller, Friedrich: *Über Anmut und Würde*. In: ders., *Theoretische Schriften*, a. a. O., S. 370.
7 Ebd., S. 373.
8 Schiller, Friedrich: *Über das Erhabene*. In: ders., *Theoretische Schriften*, a. a. O., S. 823.
9 Schiller, Friedrich: *Über Anmut und Würde*, a. a. O., S. 373.
10 Ebd., S. 372.
11 Ebd., S. 371.
12 Schiller, Friedrich: *Über das Erhabene*, a. a. O., S. 830.
13 Schiller, Friedrich: *Über Anmut und Würde*, a. a. O., S. 378.
14 Vgl. Elias, Norbert: *Über den Prozeß der Zivilisation: soziogenetische und psychogenetische Untersuchungen*. Bd. 1. Frankfurt a. M. 1976, LXI f.
15 Schiller, Friedrich: *Über das Erhabene*, a. a. O., S. 822.
16 Ebd., S. 824.
17 Schiller, Friedrich: *Über das Pathetische*. In: ders., *Pathetische Schriften*, a. a. O., S. 427.
18 Schiller, Friedrich: *Über die tragische Kunst*, a. a. O., S. 273.
19 Schiller, Friedrich: *Was kann eine gute Schaubühne wirken?* In: ders., *Theoretische Schriften*, a. a. O., S. 194.
20 Schiller, Friedrich: *Über die ästhetische Erziehung des Menschen in einer Reihe von Briefen*. In: ders., *Theoretische Schriften*, S. 559 u. 572 f.
21 Schiller, Friedrich: *Über das Erhabene*, a. a. O., S. 837.
22 Vgl. Graham, Ilse: *Die Struktur der Persönlichkeit in Schillers dramatischer Dichtung*. In: *Jahrbuch der Deutschen Schillergesellschaft*, 4. Jg. 1960, S. 270–303.
23 Vgl. Albert, Claudia: *Schiller als Kampfgenosse?* In: dies. (Hrsg.): *Deutsche Klassiker im Nationalsozialismus*. Stuttgart und Weimar 1994, S. 48–76.

Ihre Meinung ist uns wichtig!

Ihre Anregungen sind uns immer willkommen. Bitte informieren Sie uns mit diesem Schein über Ihre Verbesserungsvorschläge!

Titel-Nr.	Seite	Vorschlag

Bitte hier abtrennen

Lernen • Wissen • Zukunft
STARK

Bitte hier abtrennen

Zutreffendes bitte ankreuzen! Die Absenderin/der Absender ist:

- ☐ Lehrer/in in den Klassenstufen:
- ☐ Fachbetreuer/in
  Fächer:
- ☐ Seminarlehrer/in
  Fächer:
- ☐ Regierungsfachberater/in
  Fächer:
- ☐ Oberstufenbetreuer/in
- ☐ Schulleiter/in
- ☐ Referendar/in, Termin 2. Staatsexamen:
- ☐ Leiter/in Lehrerbibliothek
- ☐ Leiter/in Schülerbibliothek
- ☐ Sekretariat
- ☐ Eltern
- ☐ Schüler/in, Klasse:
- ☐ Sonstiges:

STARK Verlag
Postfach 1852
85318 Freising

Kennen Sie Ihre Kundennummer?
Bitte hier eintragen.

Absender **(Bitte in Druckbuchstaben!)**

Name/Vorname

Straße/Nr.

PLZ/Ort/Ortsteil

Telefon privat

Geburtsjahr

E-Mail

Schule/Schulstempel **(Bitte immer angeben!)**

Unterrichtsfächer: **(Bei Lehrkräften!)**

19-V1P

Bitte ausfüllen und im frankierten Umschlag
an uns einsenden. Für Fensterkuverts geeignet.

(Bitte blättern Sie um)

Englisch Interpretationen

Albee:
Who's afraid of Virginia Woolf? .... Best.-Nr. 2500101
Atwood: *The Handmaid's Tale* .... Best.-Nr. 2500181
Auster: *Moon Palace* .... Best.-Nr. 2500031
Boyle: *The Tortilla Curtain* .... Best.-Nr. 2500131
Bradbury: *Fahrenheit 451* .... Best.-Nr. 2500141
20th Century English Short Stories .... Best.-Nr. 2500151
Fitzgerald: *The Great Gatsby* .... Best.-Nr. 2500191
Golding: *Lord of the Flies* .... Best.-Nr. 2500051
Hornby: *About a Boy* .... Best.-Nr. 2500201
Ishiguro: *The Remains of the Day* .... Best.-Nr. 2500171
Lessing: *The Fifth Child* .... Best.-Nr. 2500071
Lodge: *Changing Places* .... Best.-Nr. 2500091
MacLaverty: *Cal* .... Best.-Nr. 2500161
Priestley: *An Inspector Calls* .... Best.-Nr. 2500081
Russell: *Educating Rita* .... Best.-Nr. 2500061
Salinger: *Catcher in the Rye* .... Best.-Nr. 2500111
Shakespeare: *Macbeth* .... Best.-Nr. 2500011
Shakespeare: *Romeo and Juliet* .... Best.-Nr. 2500041
Shaw: *Pygmalion* .... Best.-Nr. 2500121
Shepard: *True West*............................. Best.-Nr. 2500211
Williams: *A Streetcar Named Desire* ..... Best.-Nr. 2500221

Englisch Training

Übersetzungsübung .... Best.-Nr. 82454
Grammatikübung .... Best.-Nr. 82452
Themenwortschatz .... Best.-Nr. 82451
Grundlagen, Arbeitstechniken und
Methoden mit CD .... Best.-Nr. 944601
Sprachmittlung .... Best.-Nr. 94469
Sprechfertigkeit mit CD .... Best.-Nr. 94467
Abitur-Wissen
Landeskunde Großbritannien .... Best.-Nr. 94461
Abitur-Wissen Landeskunde USA .... Best.-Nr. 94463
Abitur-Wissen
Englische Literaturgeschichte .... Best.-Nr. 94465
Kompakt-Wissen Abitur
Themenwortschatz .... Best.-Nr. 90462
Kompakt-Wissen Grundwortschatz ...... Best.-Nr. 90464
Kompakt-Wissen Kurzgrammatik .... Best.-Nr. 90461
Kompakt-Wissen Abitur
Landeskunde/Literatur .... Best.-Nr. 90463
Kompakt-Wissen Abitur – Ausgabe NRW
Landeskunde/Literatur .... Best.-Nr. 50463

Latein Training

Abitur-Wissen
Lateinische Literaturgeschichte .... Best.-Nr. 94602
Abitur-Wissen Prüfungswissen Latinum Best.-Nr. 94608
Kompakt-Wissen Kurzgrammatik .... Best.-Nr. 906011

Französisch Interpretationen

Camus: *L'Etranger/Der Fremde* .... Best.-Nr. 2550041
Sartre: *Huis clos/*
Geschlossene Gesellschaft .... Best.-Nr. 2550051

Französisch Training

Landeskunde Frankreich .... Best.-Nr. 94501
Themenwortschatz .... Best.-Nr. 94503
Literatur .... Best.-Nr. 94502
Textarbeit Oberstufe .... Best.-Nr. 94504
Sprachmittlung · Übersetzung .... Best.-Nr. 94512
Abitur-Wissen
Französische Literaturgeschichte .... Best.-Nr. 94506
Kompakt-Wissen Abitur
Themenwortschatz .... Best.-Nr. 945010
Kompakt-Wissen Kurzgrammatik .... Best.-Nr. 945011
Kompakt-Wissen Grundwortschatz ...... Best.-Nr. 905001

Spanisch

Kompakt-Wissen Abitur
Themenwortschatz .... Best.-Nr. 945401

Fachübergreifend

Richtig Lernen – Tipps und
Lernstrategien für die Oberstufe .... Best.-Nr. 10483
Referate und Facharbeiten
für die Oberstufe .... Best.-Nr. 10484
Training Methoden – Meinungen äußern,
Ergebnisse präsentieren .... Best.-Nr. 10486

19-VIP

Bestellungen bitte direkt an:
STARK Verlagsgesellschaft mbH & Co. KG · Postfach 1852 · 85318 Freising
Tel. 0180 3 179000* · Fax 0180 3 179001* · www.stark-verlag.de · info@stark-verlag.de
*9 Cent pro Min. aus dem deutschen Festnetz, Mobilfunk bis 42 Cent pro Min.
Aus dem Mobilfunknetz wählen Sie die Festnetznummer: 08167 9573-0

Lernen · Wissen · Zukunft
STARK